Marcel Reich-Ranicki:
Mehr als ein Dichter
Über Heinrich Böll

Deutscher
Taschenbuch
Verlag

Von Marcel Reich-Ranicki
sind im Deutschen Taschenbuch Verlag erschienen:
In Sachen Böll – Ansichten und Einsichten (730)
Entgegnung (10018)
Deutsche Literatur in West und Ost (10414)
Nachprüfung (11211)
Literatur der kleinen Schritte (11464)
Lauter Verrisse (11578)
Meine Schulzeit im Dritten Reich (11597)
Lauter Lobreden (11618)
Über Ruhestörer (11677)
Ohne Rabatt. Über Literatur aus der DDR (11744)

Jens Jessen (Hrsg.): Über Marcel Reich-Ranicki (10415)

Ungekürzte Ausgabe
August 1994
Deutscher Taschenbuch Verlag GmbH & Co. KG,
München
© 1986 Verlag Kiepenheuer & Witsch, Köln
ISBN 3-462-01792-6
Umschlagtypographie: Celestino Piatti
Umschlaggestaltung: Dieter Brumshagen
Umschlagfotos: Isolde Ohlbaum
Gesamtherstellung: C. H. Beck'sche Buchdruckerei,
Nördlingen
Printed in Germany · ISBN 3-423-11907-1

Inhalt

Vorwort

1

Heinrich Böll habe ich Ende 1956 in Warschau kennengelernt. Besuche deutscher Schriftsteller in Polen waren damals nicht ungewöhnlich. Freilich kamen diese Gäste alle nur aus einem Teil Deutschlands, aus der DDR, und es waren fast ausschließlich ehemalige Emigranten: Anna Seghers, Bertolt Brecht und Arnold Zweig, Willi Bredel, Stephan Hermlin und viele andere, darunter auch Nationalpreisträger, an deren Namen man sich heute nicht immer erinnern kann.

Literatur aus der Bundesrepublik durfte in Polen im ersten Jahrzehnt nach dem Krieg überhaupt nicht gedruckt werden, die spärlichen Informationen über westdeutsche Neuerscheinungen stammten aus Quellen, denen sich Objektivität schwerlich nachrühmen ließ – aus Ostberliner Zeitungen und Zeitschriften. Das änderte sich im Zuge des Tauwetters: 1956 wurden den polnischen Lesern einige Bücher vorgestellt, die immerhin eine Ahnung von der neuen Literatur jenseits der Elbe vermittelten – unter anderen auch Bölls Roman ›Und sagte kein einziges Wort‹ publiziert vom katholischen Verlag »Pax«. Mit dieser Buchausgabe hing es wohl zusammen, daß Böll als erster Schriftsteller aus der Bundesrepublik nach Polen eingeladen wurde. Er kam in Begleitung des damals im Ruhrgebiet tätigen Journalisten und Satirikers Philipp Wiebe.

Die Polen sind ein überaus gastfreundliches Volk. So hat man sich auch große Mühe gegeben, den beiden Gästen aus dem Westen ihren kurzen Aufenthalt in Warschau und in Krakau möglichst angenehm zu machen und ihre Wünsche zu erfüllen. Böll war überrascht, er schien damit nicht gerechnet zu haben, ja er war über die Liebenswürdigkeit, mit der man ihm überall begegnete, beinahe gerührt. Was sich hinter den Kulissen abgespielt hatte, wußte er allerdings nicht.

In Wirklichkeit wollte nämlich kaum jemand mit Böll reden. Und als der Verband Polnischer Schriftsteller einen Empfang Böll zu Ehren plante, gab es gleich Kummer. Man hatte etwa fünfzig vorwiegend bekannte Autoren eingeladen, aber sie sagten allesamt ab und bemühten sich nicht einmal um irgendwelche Ausreden. Manche wollten über die unferne Vergangenheit des Gastes informiert werden: Ob er denn zu den Emigranten gehört habe oder zu den Deserteuren, ob er im Gefängnis gewesen sei oder im Konzentrationslager oder vielleicht wenigstens in einem Strafbataillon? Als man ihnen sagte, er sei sechs Jahre lang ein gewöhnlicher deutscher Soldat gewesen, nicht mehr und nicht weniger – da winkten sie wortlos ab. Eine Schriftstellerin, entsinne ich mich, fragte kühl, ob dieser Herr aus Köln nicht zufällig jener Deutsche sei, der ihren Bruder im Lager erschlagen habe.

Kurz und gut: Kaum elf Jahre nach dem Zweiten Weltkrieg hatten polnische Schriftsteller kein Bedürfnis, einen Deutschen zu begrüßen. Um dem Gast den Affront zu ersparen, wurde der angekündigte Empfang aus dem Sitzungssaal des Verbandes in ein kleines Zimmer verlegt: Dort fiel es weniger auf, daß nur sechs oder sieben Personen erschienen waren, ausschließlich Übersetzer und Verlagslektoren.

Wir wollten von Böll hören, wie es um die neue westdeutsche Literatur bestellt sei. Sein Bericht war nüchtern und bescheiden, was er erzählte, schien uns weder originell noch sonderlich interessant. Trotzdem waren wir alle in hohem Maße beeindruckt. Weil hier ein Schriftsteller aus der als revanchistisch geltenden Bundesrepublik gleichsam in einem Atem von deutscher Literatur und von deutscher Schuld sprach? Gewiß, aber es kam noch etwas hinzu, was wir uns nicht ganz erklären konnten: Jeder seiner ein wenig linkisch klingenden Sätze wirkte über-

8

zeugend. Wir spürten sofort: Dieser ruhige, ganz und gar unfeierliche Mann kannte keine Pose, er wollte niemandem etwas vormachen.

Böll, wir wissen es, war ein in des Wortes ursprünglicher Bedeutung begabter, ein begnadeter Mensch. Nur sollten wird nicht vergessen, daß er auch eine Gabe besaß, die sehr selten ist, nämlich ein erstaunliches Charisma. Es ließ im Alter nicht nach und, was noch verwunderlicher ist, sogar der Weltruhm hat es nicht zu verhindern vermocht. Es war ein Charisma, das sich nicht genau beschreiben läßt und das entsteht, dies jedenfalls ist sicher, wenn Natürlichkeit und Aufrichtigkeit, Güte und Herzlichkeit zu einer makellosen Einheit finden. Böll war stets und vollkommen glaubwürdig – und er ist es geblieben bis zu seinem letzten Tag.

Er irrte oft. Ihm unterliefen im Laufe der Jahre und Jahrzehnte allerlei Fehler, er veröffentlichte nicht wenige schwache oder mißratene Arbeiten, er hat manchen unbedachten Artikel geschrieben, manchen, wie ich glaube, geradezu törichten Satz, doch nie einen, von dessen Richtigkeit er nicht überzeugt gewesen wäre. Sein Leben und sein Werk waren frei von Lug und Trug.

Das schöne Wort von Erich Kästner »Es gibt nichts Gutes / außer: man tut es« – ich habe es nie von Böll zitiert gehört. Aber er handelte nach dieser Maxime: Wer immer ihn um Hilfe bat, er wurde nicht abgewiesen. Ich weiß, wovon ich rede, denn auch ich habe seine Hilfe gebraucht.

Als ich Anfang 1958 entschlossen war, Polen zu verlassen und nach Deutschland zurückzukehren, bemühte ich mich um einen polnischen Auslandspaß, der mich zu einem, wie es offiziell hieß, »Studienaufenthalt« in der Bundesrepublik von etwa zwei bis drei Monaten berechtigen sollte. Hierzu brauchte ich eine Unterhaltsgarantie, also die Erklärung eines den polnischen Behörden bekannten Bürgers der Bundesrepublik, der sich

9

verpflichten würde, meinen Aufenthalt im Westen, falls notwendig, zu finanzieren.

Ich wandte mich an Böll, der gerade seinen Urlaub im Tessin verbrachte. Das erforderliche Dokument sandte er mir postwendend. Übrigens mußte ich von dieser Erklärung, da sich die Paßvorschriften wieder einmal geändert hatten, nicht mehr Gebrauch machen. So habe ich ihn immer noch, diesen vom 8. Mai 1958 datierten Brief Heinrich Bölls mit amtlicher Beglaubigung seiner Unterschrift. Später, als ich schon hier war, hat er mich nie an diese »Unterhaltsgarantie« erinnert – wahrscheinlich war ihm die Sache längst wieder entfallen.

In dem ärmlichen Zimmer, in dem ich mit meiner Frau zunächst in Frankfurt Unterkunft fand, hat er uns damals sofort besucht und gefragt, was er für uns tun könne. Es stellte sich heraus, daß ich diesmal seiner Hilfe glücklicherweise gar nicht bedurfte. Aber ich habe Bölls Angebot nie vergessen. Wenn ich diese Angelegenheit hier erwähne, so nur deshalb, weil ich genau weiß, daß ich einer von vielen bin: Anderen zu helfen, war für ihn selbstverständlich, er hat nie davon geredet.

Nur einmal besprach er mit mir einen etwas waghalsigen Plan: Es ging darum, die Bürgerin eines totalitären Staates, die sich lange und ohne Erfolg um eine Ausreisegenehmigung bemüht hatte, zu retten. Böll wollte sie in seinem Auto und mit einem gefälschten bundesdeutschen Paß herausholen. Nach wenigen Tagen erhielt ich von ihm eine aus einem dritten Land abgeschickte Postkarte: »Nur rasch die Mitteilung, daß die Sache, über die ich mit Ihnen sprach, geklappt hat ... Später mal Einzelheiten – sicher ist nur: Wir leben in einer seltsamen Welt!«

Als Heinrich Böll am 16. Juli 1985 starb, wurde nicht nur in seiner Geburtsstadt Köln auf halbmast geflaggt: Unzählige in der ganzen Welt verdanken ihm unendlich viel, manche ihr Leben.

Man würde diesen Band unnötig belasten und die Geduld der Leser überfordern, wollte man alle Aufsätze, Rezensionen und Kommentare, in denen ich mich mit Heinrich Böll und seinem Werk innerhalb von beinahe dreißig Jahren beschäftigt habe, noch einmal vorlegen. Eine Auswahl schien angebracht. Weggelassen wurden vor allem frühe Arbeiten: Ihre wichtigeren Gedanken finden sich ohnehin in dem Aufsatz, den ich für mein zuerst 1963 veröffentlichtes Buch ›Deutsche Literatur in West und Ost‹ erfaßt habe und der hier unter dem Titel »Der Poet der unbewältigten Gegenwart« abgedruckt wird. Aber einige Worte über diese Arbeiten mögen nicht überflüssig sein.

Meine ersten Artikel über Böll erschienen im Februar 1957 in der polnischen Tageszeitung ›Trybuna Ludu‹ und im Mai 1957 in der Warschauer Monatsschrift ›Twórczoso‹; den Anlaß bot die polnische Ausgabe des Romans ›Und sagte kein einziges Wort‹. Ich schrieb über das Buch respektvoll, ohne indes Skepsis und eine gewisse Enttäuschung zu verbergen. Es stimme zumindest nachdenklich – heißt es in dieser Rezension –, daß Böll mit keinem Wort auf den Nationalsozialismus und die Zeit des »Dritten Reiches« zu sprechen komme, wo es doch den Anschein habe, daß Schicksal und Mentalität seiner Hauptfiguren, des Ehepaars Bogner, sehr wohl mit den deutschen Zuständen ab 1933 zu tun hätten.

Wenig später wurde die Erzählung ›Das Brot der frühen Jahre‹ ins Polnische übersetzt; ich habe sie im August 1957 in der Tageszeitung ›Zycie Warszawy‹ mit viel Sympathie rezensiert. Im September 1957 kehrte ich zu dem Buch zurück und legte mich diesmal noch kräftiger ins Zeug.

Denn ein bekannter polnischer Kritiker der älteren Generation hatte es in der Wochenzeitung ›Nowiny Literackie‹ entschieden abgelehnt: Die Geschichte, die Böll erzählt, sei so uninteressant und banal, daß nur ein Schriftsteller mit einer starken Individualität ihr zu einigem Wert verhelfen könnte. Eine solche Individualität sei im ›Brot der frühen Jahre‹ nicht auszumachen. Ich antwortete in derselben Wochenzeitung mit einer ausführlichen Analyse der Erzählung, ich rühmte die Atmosphäre, zumal der erotischen Episoden, die, wie ich meinte, beides auf einmal widerlegen: sowohl den scheinbaren Zynismus des im Mittelpunkt stehenden Mechanikers Walter Fendrich und seiner Freundin Hedwig als auch die Argumente des strengen, des allzu strengen polnischen Kollegen.

Meine nächsten Kritiken erschienen schon in der Bundesrepublik, über den Roman ›Billard um halbzehn‹ in der ›Welt‹ vom 8. Oktober 1959 und über den Band ›Erzählungen, Hörspiele, Aufsätze‹ in der ›Zeit‹ vom 13. Oktober 1961. Ein Absatz aus dem Artikel in der ›Zeit‹ sei hier angeführt:

»Es scheint, daß manche Beobachter, die in Böll lediglich einen Geschichtenerzähler sehen möchten, sich nur von formalen Aspekten leiten lassen. Die Ursachen einer derartigen Haltung oder vielleicht sogar Taktik stecken wohl tiefer. Zweifellos ist Böll, der nicht aufhört, den Staat, die Parteien und vor allem die Kirche zu attackieren, ein recht unbequemer Schriftsteller – seine Anklage des Opportunismus und der Heuchelei entbehrt nicht der Adresse. Die Härte der Zeitkritik versuchen nun manche Betroffenen abzuwerten, indem sie Böll als ausgesprochenen Geschichtenerzähler bezeichnen. Denn in diesem Begriff schwingt ein Wort mit, das man freilich aus Höflichkeit vermeidet – das Eigenschaftswort ›naiv‹. Und naives Geschichtenerzählen, das ist in diesem Sinne etwa der Gegensatz von intellektueller Potenz. Böll wird also bisweilen als ein zwar mit Talent, doch nicht gerade mit einem Übermaß an Erkenntnissen begnadeter Künstler charakterisiert. Kurzum: man hat sich in manchen Kreisen geeinigt, daß der Prosaist Heinrich Böll ein Dichter sei. Aber Dichter werden im allgemeinen im Lande der

Dichter und Denker respektiert, gefeiert und preisgekrönt – nur nicht sehr ernst genommen.«

Kritiker schreiben stets für ihre Zeitgenossen, ihre Arbeiten sind, zumal wenn sie Äußerungen über die jeweils neueste Literatur enthalten, in hohem Maße zeitgebunden und zeitbedingt. Und wer diesen Beruf ausübt, der darf weder Vereinfachungen fürchten noch Übertreibungen oder Überspitzungen: Sie gehören seit eh und je zu den empfehlenswerten, den erforderlichen Ausdrucksmitteln unserer Zunft.

Auch die hier vereinten Aufsätze sind zeitgebunden und zeitbedingt und keineswegs frei von allerlei Vereinfachungen, Übertreibungen und Überspitzungen. Gleichwohl habe ich kein Wort gestrichen oder geändert. Denn ich bin überzeugt, daß die Kritiker, die ihre Arbeiten im nachhinein korrigieren – und auch die größten konnten bisweilen dieser Versuchung nicht widerstehen –, zwar den einen oder anderen Fehler oder Irrtum beseitigen mögen, aber in der Regel nicht zur Verbesserung ihrer Arbeiten beitragen, sondern zu deren Entstellung und Verfälschung. So werden alle Texte hier in ihrer ursprünglichen Fassung geboten. Das hat freilich hier und da Wiederholungen und Überschneidungen zur Folge, die jedoch gewiß ein kleineres Übel sind, als es nachträgliche Retuschen wären.

Neben Wiederholungen werden aufmerksame Leser vielleicht auch Widersprüche aufdecken. Dies würde mich weder überraschen noch betrüben. Es war nicht im entferntesten meine Absicht, mit dem Buch ›Mehr als ein Dichter‹ eine Gebrauchsanweisung für Böll-Leser oder ein Rezept für die Böll-Deutung zu liefern.

Vielleicht aber dokumentiert dieses Buch auf nützliche Weise einen immer wieder unternommenen Versuch, dem Werk eines Schriftstellers gerecht zu werden, der wie kein anderer die deutsche Literatur nach dem Zweiten Weltkrieg repräsentiert.

Frankfurt am Main,
im Juni 1986   M. R.-R.

Keinem deutschen Schriftsteller, der nach 1945 zu schreiben begann, hat die Literaturkritik soviel Aufmerksamkeit gewidmet wie Heinrich Böll. Zugleich gingen in keinem anderen Fall die Ansichten der Kritiker so weit auseinander. Denn der Publikumserfolg, der Böll in Deutschland seit 1953 zuteil wird, und die Anerkennung, die seine Werke im Ausland finden, haben auch diejenigen Kritiker, die ihn offenbar ignorieren wollten, zur Stellungnahme gezwungen. Diese Urteile scheinen auf den ersten Blick voneinander unabhängig zu sein. Bei näherer Betrachtung hingegen erweisen sich die literarkritischen Monologe als Teile eines fortwährenden Dialogs. Mögen also manche Rezensenten den Eindruck erwecken wollen, sie wüßten nicht von den Auffassungen ihrer Kollegen, so ist es doch augenscheinlich, daß hier gegenseitige Wirkungen und ursächliche Zusammenhänge bestehen, freilich meist reziproker Art. Anders ausgedrückt: Die begeisterte Zustimmung, die Böll von einem Teil der Kritik gezollt wurde, veranlaßte andere Kritiker, ihre Mißbilligung um so nachdrücklicher zu betonen, was wiederum zu noch lauteren Beifallsbezeugungen führte.

Da jedoch in der Hitze eines derartigen getarnten polemischen Gefechts in der Regel beide Seiten zu Vereinfachungen neigen, zeichnen sich viele Urteile über Bölls Bücher durch Einseitigkeit und Extremismus aus. Und nicht nur das. Befragt nach den Aufgaben der literarischen Kritik, sagte Böll unter anderem: »Die Kritik ... sollte nicht von einem bestimmten Autor bestimmte Dinge erwarten, ihn auf etwas festlegen und ihm für seine ganze Laufbahn einen Stempel aufdrücken.« Böll hat zu dieser Klage Anlaß genug. Er wurde in der Diskussion, die sein Werk ausgelöst hat, immer wieder von seinen

Gegnern wie von seinen Anhängern eingestuft und abgestempelt, mit Schlagworten bedacht und mit Etiketts versehen.

Der Erfolg allein, mag er auch manche Rezensenten entwaffnen, andere wiederum mißtrauisch stimmen, kann jedoch die ungewöhnliche literarkritische Reaktion auf Bölls Werk noch nicht hinlänglich erklären. Ein anderer bemerkenswerter Umstand kommt hinzu. Abgesehen von einigen Kurzgeschichten hat Böll nichts geschrieben, was auch nur annähernd als vollkommen gelten könnte. Seine fünf Romane und drei größere Erzählungen haben ärgerliche Schönheitsfehler und Schwächen; in dieser Prosa finden sich häufig Motive und Abschnitte, die selbst seine treuesten Anhänger schwerlich verteidigen möchten. Ja, er macht es seinen Feinden und Gegnern leicht: Sie können jedem seiner Bücher Beispiele und Zitate entnehmen, die geeignet sind, sogar unerbittliche Angriffe zu stützen. Wer Böll jedoch rühmt, hat nie ausschließlich seine künstlerische Leistung im Auge. Wer ihn ablehnt, mag sich zwar vor allem auf die künstlerische Fragwürdigkeit seiner einzelnen Werke berufen, meint aber zugleich seine Haltung, die diese tatsächliche oder angebliche Fragwürdigkeit verursacht haben soll.

Auch fällt es auf, daß Bölls Bücher, ungeachtet ihrer unterschiedlichen Qualität und Bedeutung, Kritiker anregen, Prinzipielles zu sagen. Wer von einem seiner Bücher spricht, hat meist – ob er es ausdrücklich betont oder nicht – den ganzen Böll im Sinn. Und das ist durchaus legitim. Denn wenn auch Böll nichts Vollkommenes geschrieben hat, so ist er doch in jedem seiner Werke vollkommen zu finden. Von keinem deutschen Schriftsteller unserer Zeit kann mit gleichem Recht behauptet werden, daß alle seine Arbeiten, die großen und die kleinen, die gelungenen und die mißglückten, Fragmente einer einzigen, einer in sich geschlossenen Konfession sind.

Aber Äußerungen über den Fall Böll enthalten in der Regel auch eine offene oder verborgene Stellungnahme

16

zur Literatur hier und heute. Wer Böll beurteilt, verrät sofort, was er von unseren Schriftstellern erwartet. Denn sein Werk vergegenwärtigt – jedenfalls in den fünfziger Jahren – auf besonders klare und einprägsame Weise eine der fundamentalen Möglichkeiten der deutschen Literatur nach 1945. Auch dies hat zur ungewöhnlichen Verschiedenheit der Standpunkte beigetragen – zumal Böll nicht über jenes überragende Talent verfügt, das sogar die Gegner seiner literarischen Konzeption in die Knie zwingen würde.

Bei der Erörterung des Phänomens Böll scheiden sich also die Geister der deutschen Kritik. Es wäre jedoch leichtsinnig, wollte man hier Begriffe ins Spiel bringen wie etwa »links« und »rechts«, »konservativ« und »avantgardistisch«, »reaktionär« und »fortschrittlich« oder sonstige ideologische und politische Schlagwörter. Die Trennungslinie ist auf einer anderen Ebene zu suchen und hängt im wesentlichen davon ab, welche Aufgabe die Gegenwartsliteratur nach Ansicht des Kritikers zu lösen hat.

Bölls Auffassungen vom Sinn des Schreibens, vom Zweck der schriftstellerischen Betätigung gehen unmißverständlich aus allen seinen Büchern hervor. Er hat sie überdies in Interviews und in mehreren Aufsätzen umrissen, zu denen er sich, obwohl er theoretischen Äußerungen abgeneigt ist, gelegentlich veranlaßt sah. Im Jahre 1961 sagte er: »Daß der Autor engagiert sein sollte, halte ich für selbstverständlich. Für mich ist das Engagement die Voraussetzung, es ist sozusagen die Grundierung, und was ich auf dieser Grundierung anstelle, ist das, was ich unter Kunst verstehe.« Hier haben wir das entscheidende Stichwort: Denn der Streit der deutschen Kritik um Böll ist zum größten Teil nichts anderes als ein Streit um die engagierte Literatur schlechthin.

Bölls Engagement resultiert jedoch nicht aus einem gedanklichen System, sondern vor allem aus seinem Verhältnis zu der ihn umgebenden Realität. 1953 schrieb er:

17

»Die Wirklichkeit ist wie ein Brief, der an uns gerichtet ist, den wir aber ungeöffnet liegen lassen, weil die Mühe, ihn zu öffnen, uns lästig ist – oder weil uns die Vorstellung quält, der Inhalt könnte unerfreulich sein ... Die Wirklichkeit ist eine Botschaft, die angenommen sein will – sie ist dem Menschen aufgegeben, eine Aufgabe, die er zu lösen hat.« Der Schriftsteller habe mit Hilfe seiner Phantasie »aus den Tatsachen die Wirklichkeit zu entziffern«.

Welchem Zweck soll aber diese Entzifferung der Realität dienen, welches Engagement meint Böll? In einem seiner frühesten Aufsätze, dem ›Bekenntnis zur Trümmerliteratur‹ (1952), heißt es über die ersten Bücher von Charles Dickens: »In diesen Romanen schrieb er über das, was seine Augen gesehen hatten: seine Augen hatten in die Gefängnisse, in die Armenhäuser, in die englischen Schulen hineingesehen, ... und der junge Mann hatte einen Erfolg, wie er selten einem Schriftsteller beschieden ist: die Gefängnisse wurden reformiert, die Armenhäuser und Schulen einer gründlichen Betrachtung gewürdigt und: sie änderten sich.«

Damit ist Bölls literarisches Ideal angedeutet: Er will auf die Zeitgenossen wirken, die Menschen erziehen, zur Veränderung des Lebens beitragen. Dieser programmatisch engagierte Schriftsteller kann jedoch mit keinem Programm identifiziert werden. Er ist ein radikaler und aggressiver Zeitkritiker, allein sein Kampf gilt nicht der bestehenden Gesellschaftsordnung. Treffend bemerkte Hans Schwab-Felisch: »Böll lehnt sich auf, aber er ist gleichwohl kein Revolutionär, weil ihm die Vorstellung einer perfekten Gesellschaft durchaus fremd und widernatürlich ist.«

Mitunter wurde versucht, die geistigen Wurzeln des Erzählers Böll im Katholizismus zu suchen. Böll ist gläubiger Katholik, und gläubige Katholiken stehen meist im Mittelpunkt seiner Romane und Erzählungen. Elemente des katholischen Rituals spielen in manchen seiner Arbeiten eine wichtige Rolle. Dennoch müssen derartige Interpretationsversuche unergiebig bleiben und laufen auf eine Einengung dessen hinaus, was Böll geleistet hat. Eine prinzipielle Auseinandersetzung mit dem Katholizismus enthält seine Epik nicht. Gewiß werden die Kirche, ihre Organisationen, ihre Repräsentanten und manche andere Phänomene der katholischen Welt mit vielen kritischen Bemerkungen bedacht, aber es handelt sich im Grunde immer nur um eine aus Seitenhieben bestehende Kritik. Bölls Betrachtungsweise des menschlichen Lebens läßt sich nicht mit dem Dogma des Katholizismus erklären – weil sie freilich auch nicht gegen dieses Dogma ausgespielt werden sollte. Böll verkündet keine Doktrin. Seine Frömmigkeit ist nichts anderes als »ein Dienst an der Gegenwart und die Überwindung der Trägheit der Herzen«.

Begriffe wie »Christliche Literatur« und »Christlicher Autor« werden von dem Christen Böll abgelehnt. In einem Aufsatz über ›Kunst und Religion‹ schreibt er: »Erträglich ist die Bezeichnung nur auf der Steuererklärung, wo einer hinschreiben mag, Beruf: Schriftsteller, und unter der Rubrik ›Religionszugehörigkeit‹ eine der Abkürzungen einträgt, die ihn als einer christlichen Kirche zugehörig bezeichnet. Berechtigt, festzustellen, wer ein christlicher Autor ist, wäre also nur das Finanzamt, und das ist verpflichtet, jegliche Auskunft zu verweigern.« Und etwas weiter: »Solange das Geheimnis der Kunst nicht entziffert ist, bleibt dem Künstler nur ein Instrument: sein Gewissen; aber er hat ein Gewissen als Christ und eins als Künstler, und diese beiden Gewissen sind nicht immer in Übereinstimmung ... So bleibt das Dilemma, Christ zu sein und zugleich Künstler und doch nicht christlicher Künstler.«

Der Christ und Künstler Böll ist vor allem ein emotionaler Moralist. Daher würde ihm als ideelle Grundlage seines literarischen Werks ein einziger Satz ausreichen – jenes Wort aus dem Dritten Buch Mose: »Du sollst deinen Nächsten lieben wie dich selbst.« Böll ist Humanist. Daher heißt sein zentrales Thema: Die Entmenschlichung des Menschen in unserem Zeitalter.

Andere Schriftsteller seiner Generation haben sich ihre Empörung und Bitterkeit besser oder schlechter vom Herzen geschrieben, haben ihre Gewissensbisse, Schuldkomplexe und Ressentiments literarisch zu kompensieren versucht. Ein Moralist wie Böll hingegen kann sich nicht – wie man so schön zu sagen pflegt – »freischreiben« und das, was er während der nationalsozialistischen Herrschaft und in seiner sechsjährigen Soldatenzeit erlebt hat, in irgendeinem Sinne »überwinden«. In einer autobiographischen Notiz schreibt er über jene Zeit: »Die Reichsmark floß in Strömen; bezahlt wurde die Rechnung später, von uns, als wir, inzwischen unversehens Männer geworden, das Unheil zu entziffern versuchten und die Formel nicht fanden; die Summe des Leidens war zu groß für die wenigen, die eindeutig als schuldig zu erkennen waren; es blieb ein Rest, der bis heute nicht verteilt ist.«

Derartige Ansichten und die Themen seiner ersten Bücher, deren Handlung ganz und gar oder teilweise während des Krieges spielt, haben dazu beigetragen, daß Böll flink als Dichter der »unbewältigten Vergangenheit« abgestempelt wurde. Das Etikett hat sich als sehr dauerhaft erwiesen. Noch in seinem 1962 erschienenen ›Kritischen Lesebuch‹ meint Günter Blöcker: »Es ist Bölls Verdienst, daß er nicht bereit ist, zu vergessen. Jedes seiner Bücher ... empfängt seinen moralischen Impuls aus dem Bewußtsein dessen, was war.« Damit wird, befürchte ich, von Blöcker, der allerdings auch treffende Einzelerkenntnisse über Böll zu bieten hat, das Wesen dieser Prosa doch verkannt. Denn es ist gerade umgekehrt: Bölls Werke empfangen ihren moralischen Impuls vor allem aus dem Bewußtsein dessen, was ist. Sie sind immer Hier und Heute verwurzelt. Davon zeugt in den meisten Fällen schon die Zeit der Handlung. Die ersten Geschichten Bölls, die 1947 und 1948 in der Zeitschrift ›Karussell‹ gedruckt und später in den Band ›Wanderer, kommst du

20

nach Spa ...‹ aufgenommen wurden, spielen ebenso in der unmittelbaren Gegenwart wie seine Romane ›Und sagte kein einziges Wort‹, ›Haus ohne Hüter‹, ›Billard um halbzehn‹ und ›Ansichten eines Clowns‹, seine Satiren ›Doktor Murkes gesammeltes Schweigen‹ ebenso wie seine größeren Erzählungen ›Das Brot der frühen Jahre‹ und ›Im Tal der donnernden Hufe.‹

»Der Schlüssel zum Wirklichen« sei für ihn – sagt Böll ausdrücklich – «das Aktuelle«. Freilich sieht er im Heutigen immer auch die Spuren und Folgen des Gestrigen. Mehr noch: Für ihn bilden Vergangenheit und Gegenwart eine tiefere Einheit; und er hält es für seine schriftstellerische Pflicht, an diesen Zusammenhang zu erinnern, indem er ihn sichtbar macht. Wenn er das darstellt, was früher geschehen ist, sieht er es immer vom Resultat her, wie es sich jetzt darbietet. Nicht ein Dichter der »unbewältigten Vergangenheit« ist Böll, sondern der unbewältigten Gegenwart. In seinen frühesten Arbeiten, der 1947 veröffentlichten Kurzgeschichte »Die Botschaft« findet sich der Satz: »Da wußte ich, daß der Krieg niemals zu Ende sein würde, niemals, solange noch eine Wunde blutete, die er geschlagen hat.« Und an anderer Stelle erklärt Böll: »Es ist unsere Aufgabe, daran zu erinnern, daß der Mensch nicht nur existiert, um verwaltet zu werden – und daß die Zerstörungen der Welt nicht nur äußerer Art sind und nicht so geringfügiger Natur, daß man sich anmaßen kann, sie in wenigen Jahren zu heilen.« In diesem Sinne verdanken auch jene frühen Bücher Bölls, deren Handlung während des Krieges spielt, ihren entscheidenden Impuls der unmittelbaren Gegenwart – der moralischen, politischen und gesellschaftlichen Entwicklung, die sich nach der Währungsreform abzeichnete. Wenn er also die Frage ›Wo warst du, Adam?‹ stellt, mit der er seinen ersten Roman betitelt hat, so geht es ihm – zugleich und vor allem – um die Frage »Wo bist du, Adam?«.

In einem seiner berühmtesten Prosastücke, der Titelgeschichte des Bandes ›Wanderer, kommst du nach Spa ...‹ (1950), erzählt Böll von einem verwundeten Soldaten, der auf einer Bahre liegt, nicht weiß, wie er verletzt wurde, sich überhaupt nicht bewegen kann und nun in den Operationssaal eines provisorischen Lazaretts hinaufgetragen wird: »Ich lag auf dem Operationstisch und sah mich selbst ganz deutlich, aber sehr klein, zusammengeschrumpft, oben in dem klaren Glas der Glühbirne, winzig und weiß, ein schmales, mullfarbenes Paketchen wie ein außergewöhnlich subtiler Embryo.« Gegen Ende der Geschichte lesen wir: »Ich zuckte hoch, als ich einen Stich in den linken Oberschenkel spürte, ich wollte mich aufstützen, aber ich konnte es nicht: ich blickte an mir herab und nun sah ich es: sie hatten mich ausgewickelt, und ich hatte keine Arme mehr, auch kein rechtes Bein mehr, und ich fiel ganz plötzlich nach hinten, weil ich mich nicht aufstützen konnte; ich schrie.«

So extrem die Situation auch ist, in der sich dieser Ich-Erzähler befindet – sie kann als exemplarisch für die Epik des jungen Böll gelten. Seine zentralen Gestalten sind beklagenswerte Opfer der historischen Verhältnisse, hilflose Durchschnittsmenschen, herumirrende Individuen, die nicht einmal die Möglichkeit erwägen, für etwas oder gegen etwas zu kämpfen. Sie versuchen auch nicht, sich zu wehren. Sie ertragen ihr Schicksal. Weder sind sie imstande, das allgemeine Geschehen zu begreifen, noch können sie die konkrete Situation, in der sie sich befinden, erkennen: Sie sehen sich selbst – wie der Ich-Erzähler in der zitierten Geschichte – zwar »ganz deutlich«, aber »sehr klein, zusammengeschrumpft«. Schließlich fallen sie »ganz plötzlich nach hinten« und können nur noch schreien.

Von dem jungen Soldaten der Erzählung ›Der Zug war pünktlich‹ (1949) heißt es am Ende: »Mein Gott, denkt Andreas, sind sie denn alle tot? ... Und meine Beine ... meine Arme, bin ich nur Kopf ... ist denn niemand da ... ich liege auf dieser nackten Straße, auf meiner Brust liegt das Gewicht der Welt so schwer, daß ich keine Worte finde zu beten ...«

Mit dem Schrei seines unheroischen Helden endet auch der Roman ›Wo warst du, Adam?‹ (1951): »Er kroch schnell ans Haus heran, hörte den Abschuß der siebten Granate und schrie schon, bevor sie einschlug, er schrie sehr laut, einige Sekunden lang, und er wußte plötzlich, daß Sterben nicht das Einfachste war – er schrie laut, bis die Granate ihn traf, und er rollte im Tod bis auf die Schwelle des Hauses. Die Fahnenstange war zerbrochen, und das weiße Tuch fiel über ihn.«

Die Helden des jungen Böll werden getreten und getrieben. Sie schreien und verzweifeln, sie beten und sterben. Sie handeln nicht, sie leiden. Und sie kosten ihr Leid aus, verdanken ihm mitunter eine gewisse moralische Entlastung. So etwa der plötzlich von panischer Todesangst befallene Andreas in der Erzählung ›Der Zug war pünktlich‹: »Der Schmerz sitzt ihm in der Kehle, und er ist nie so elend gewesen wie jetzt. Es ist gut, daß ich leide. Vielleicht wird mir darum verziehen, daß ich hier in einem Lemberger Bordell neben der Opernsängerin sitze, die die ganze Nacht zweieinhalb Scheine kostet ... Und ich bin froh, daß ich leide, ich bin froh, daß ich vor Schmerz bald umsinke, ich bin glücklich, weil ich leide, wahnsinnig leide, weil ich hoffen darf, daß mir verziehen wird, daß ich hier nicht bete, bete, bete, nur bete und auf den Knien liege, die letzten zwölf Stunden vor meinem Tode. Aber wo könnte ich denn auf den Knien liegen? Nirgendwo in der Welt könnte ich ungestört auf den Knien liegen.«

Derartige Reflexionen des jungen Andreas werden in der Erzählung ›Der Zug war pünktlich‹ noch durch die Worte der Polin Olina ergänzt; diese ehemalige Musikstudentin, die im Auftrag der polnischen Widerstandsbewegung ihre Tugend auf dem Altar des Vaterlandes opfert und als Freudenmädchen Informationen von deutschen Soldaten sammelt, kommt zu dem Ergebnis: »Das ist furchtbar, daß alles so sinnlos ist. Überall werden nur

Unschuldige gemordet. Überall. Auch von uns.« Und etwas später: »Es gibt ja nur Opfer und Henker.«

Der deutsche Soldat und die polnische Patriotin können sich auf dieser Basis schnell einigen. Der Mensch ist gut, aber die Welt ist schlecht – so lautet die zwar niemals so nackt ausgesprochene, jedoch in den Büchern des jungen Böll allgegenwärtige These, der die Zweiteilung der Menschen in Opfer und Henker entspricht. Es versteht sich, daß Andreas und Olina sich selber für Opfer höherer Gewalten halten und gern bereit sind, sich auch gegenseitig eine solche Rolle zuzuerkennen.

Aus derartigen Anschauungen ergibt sich in den Büchern des jungen Böll ebenfalls das grundsätzliche Verhältnis zum Phänomen Krieg. Ein nennenswerter Unterschied zwischen der Perspektive des Autors und derjenigen seiner im Mittelpunkt stehenden Figuren scheint übrigens nicht vorhanden zu sein. Der Krieg erscheint in diesen Büchern nicht als Folge menschlicher Handlungen, die sich erfassen und analysieren lassen, sondern als ein undurchschaubares und grausames Phänomen, als eine furchtbare Krankheit, deren einzelne Symptome schmerzhaft bekannt, deren Ursachen aber unbegreiflich sind. Der junge Böll zeigt nicht, wie die Menschen den Krieg machen, sondern was der Krieg aus den Menschen macht.

Natürlich wird der Krieg von ihm mit größter Heftigkeit abgelehnt und verabscheut, doch handelt es sich um einen vorwiegend intuitiven Antimilitarismus. Die Anklage kann nicht mißverstanden werden, aber ihr fehlt eine präzise Adresse. Es dominiert immer die Klage. Gewiß spricht Böll in diesen Büchern nicht als Außenstehender oder als Richter, sondern als Mitschuldiger. Andreas aus ›Der Zug war pünktlich‹, Feinhals aus ›Wo warst du, Adam?‹ und die Landser aus den während des Krieges spielenden Kurzgeschichten werden indes höchstens in einem metaphysischen Sinne für schuldig erklärt, hingegen von konkreter und individueller Schuld freige-

24

sprochen und stets nur als Leidtragende dargestellt. Diesen Umständen vor allem verdankte Böll die Sympathie vieler Leser, die während des Krieges die Uniform der deutschen Wehrmacht getragen hatten und denen es nun leicht gemacht wurde, sich mit einem Helden zu identifizieren, der einerseits alltägliches Kriegsschicksal erfährt und andererseits durchschnittliche Mentalität mit moralisch einwandfreier Haltung verbindet.

Auch die Geschichten des Bandes ›Wanderer, kommst du nach Spa ...‹, die nach 1945 spielen, sowie die Romane ›Und sagte kein einziges Wort‹, ›Haus ohne Hüter‹ und ›Ansichten eines Clowns‹ werden durch dieselbe oder zumindest eine sehr ähnliche Problemstellung, Grundhaltung und Konstellation gekennzeichnet. Bölls Kriegsheld – denn im Grunde haben wir es mit einer einzigen Gestalt zu tun, die mit verschiedenen Namen versehen und in verschiedenen Situationen gezeigt wird – ist nun vor einem gänzlich gewandelten Hintergrund sichtbar, aber er bleibt Mitleid erregendes Opfer der Verhältnisse. Es wird die durch zeitgeschichtliche Umstände verursachte Misere des Individuums dargestellt, seine materielle und psychische Not, die Verwirrung der Gefühle und der moralischen Kriterien.

Wie der Krieg, so erscheint auch die Nachkriegszeit als ein Fatum, dem die Kreatur rettungslos ausgeliefert ist. Der Halbwüchsige in der Geschichte ›Lohengrins Tod‹ der Kohlen zu stehlen versuchte und dabei von einer Kugel getroffen wurde, liegt ebenso hilflos da wie der Soldat in ›Wanderer, kommst du nach Spa ...‹ Wie Andreas und Olina leidet auch der Ich-Erzähler des Prosastücks ›Geschäft ist Geschäft‹ an der Sinnlosigkeit der Umwelt: »Am liebsten liege ich auf dem Bett und träume. Ich rechne mir dann aus, wieviel hunderttausend Arbeitstage sie an so einer Brücke bauen, oder an einem großen Haus, und ich denke daran, daß sie in einer einzigen Minute Brücke und Haus kaputtschmeißen können. Wozu da noch arbeiten? Ich finde es sinnlos, da noch zu arbeiten.

Ich glaube, das ist es, was mich verrückt macht, wenn ich Steine tragen muß oder Schutt räumen, damit sie wieder ein Café bauen können.«

Den vollendeten parabolischen Ausdruck für die Situation des Böllschen Helden bietet die Geschichte ›Der Mann mit den Messern‹, in der sich ein verzweifelter und hungernder Mann zu einem lebensgefährlichen Varieté-Auftritt hergibt. Der letzte Satz lautet: »Ich war der Mensch, auf den man mit Messern warf ...« Und die Geschichte ›Die Botschaft‹, deren Ich-Erzähler einer Frau mitteilen muß, daß ihr Mann in einem Kriegsgefangenenlager gestorben ist, endet mit den Worten: »Da war mir, als sei ich für mein ganzes Leben in Gefangenschaft geraten.«

Diese Kurzgeschichten von unglücklichen Einzelgängern, auf die mit Messern geworfen wird und die für ihr ganzes Leben in einer Art Gefangenschaft zu sein glauben, sind – zumindest in ihrer Mehrheit – frei von jener Sentimentalität, die für die Erzählung ›Der Zug war pünktlich‹ bezeichnend ist. In ihnen spricht nicht ein Schmerzen lindernder Tröster, wohl aber ein Schmerzen verdeutlichender Dichter des Mitleids. Böll zeigt die ganze Härte und Grausamkeit der Zustände im Krieg und in der Nachkriegszeit oder läßt sie spüren – es ist jedoch vorerst nicht sein Ehrgeiz, epischer Chronist zu sein. Indem er einen durchaus unheroischen Helden mit einer übermächtigen, anonymen Instanz konfrontiert, erweist er sich vor allem als Sachverwalter der Erniedrigten und Beleidigten.

Die Erzählung ›Der Zug war pünktlich‹ erreicht ihren allerdings recht zweifelhaften Höhepunkt in einer melodramatischen, keuschen Liebesszene in einem Bordell. Zu den schönen Stücken des Bandes ›Wanderer, kommst du nach Spa ...‹ gehören die Liebesgeschichten: ›Kumpel mit dem langen Haar‹, ›Abschied‹, ›Wiedersehen in der Allee‹. Von der Liebe des deutschen Soldaten Feinhals zu der ungarischen Jüdin Ilona wird in der zentralen Episo-

26

de des Romans ›Wo warst du, Adam?‹ erzählt. Eine verkappte Liebesgeschichte, freilich sehr eigener Art, ist auch der Roman ›Und sagte kein einziges Wort‹ (1953).

Offensichtlich wollte sich Böll vor allem mit den gesellschaftlichen und moralischen Verhältnissen, wie sie sich in der Bundesrepublik wenige Jahre nach der Währungsreform entwickelten, kritisch auseinandersetzen. Die Wirkung des Buches beruht weitgehend auf der expressiven, wenn auch nicht immer anspruchsvollen Zusammenstellung von Kontrastmotiven: Sichtbar gemacht wird das für jene Jahre charakteristische Nebeneinander von Nachkriegselend und beginnender Prosperität. Hier Ruinen, dort Neubauten, hier die seelischen Folgen der Katastrophe, dort die Anzeichen der Wirtschaftswunder-Mentalität, hier heillose Lethargie, dort aufdringliche Betriebsamkeit. Hier wird das mehr als kümmerliche Untermieter-Zimmer geschildert, in dem die Familie Bogner hausen muß, dort eine von ihren Inhabern meist nicht bewohnte, riesige Luxuswohnung.

Wenn die Zeit-Atmosphäre in vielen Abschnitten des Buches mit großer Suggestivität vergegenwärtigt wird, so vor allem dank der charakterisierenden Details, der realistischen Einzelbeobachtungen und mancher psychologischer Nuancen, deren Signifikanz stark genug ist, um bisweilen sogar die Fragwürdigkeit des Mannes im Zentrum vergessen zu lassen.

Bölls Gestalten sind meist blaß und oft nur Demonstrationsobjekte. Er wollte auch in diesem Roman an dem Modellhelden aus seinen frühen Büchern festhalten: Daran wäre dieses epische Unternehmen fast gescheitert. Denn jener Fred Bogner, der es mit seiner Frau und seinen Kindern in der engen Behausung nicht mehr aushalten kann und sie deswegen kurzerhand verläßt, der trinkt und sich unaufhörlich selbst bemitleidet, scheint – entgegen den Absichten Bölls – nicht eine typische Zeitgestalt, sondern ein Hysteriker zu sein, ein bedauerlicher pathologischer Fall. Traurig ist sein Schicksal, nicht tragisch.

Deswegen vor allem wirkt die Geschichte des unglücklichen Ehepaars, das sich von Zeit zu Zeit in ärmlichen Absteigequartieren trifft, eher rührselig als ergreifend. Die Zentralszene des Buches, die in einem solchen Hotelzimmer spielt und in der Böll erotische und religiöse Motive verbindet, nähert sich an einigen Stellen bedenklich einer unbeabsichtigten Parodie. Daneben mangelt es nicht an Abschnitten – zumal in dem verhalten geschriebenen Schlußkapitel –, deren Schlichtheit und Innigkeit zu bewegen und bisweilen zu überwältigen vermögen.

Der Roman ›Und sagte kein einziges Wort‹ zeigt wiederum sehr deutlich Bölls künstlerische Möglichkeiten, aber auch – und dies in stärkerem Maße als etwa der Roman ›Wo warst du, Adam?‹ – die Gefahren, die seine Epik von Anfang an bedrohten. Es erwies sich unter anderem, daß der naive und passive Held aus den frühen Büchern Bölls wenig geeignet war, als Kontrastfigur zu den gesellschaftlichen Verhältnissen in den fünfziger Jahren zu dienen. Dennoch versuchte Böll, seiner Konzeption treu zu bleiben.

In ›Haus ohne Hüter‹ (1954) werden abermals unschuldige Opfer auf einen minutiös gezeichneten Zeithintergrund projiziert – nur sind es diesmal Frauen und Kinder: zwei Kriegerwitwen und zwei elfjährige Knaben, die ohne Väter erzogen werden. In der Erzählung ›Das Brot der frühen Jahre‹ (1955) wird die Welt aus der Perspektive eines Jugendlichen gesehen. Im Mittelpunkt der Erzählung ›Im Tal der donnernden Hufe‹ (1957) stehen Halbwüchsige. Mit diesen Gestalten hatte Böll allerdings das Problem des zeitgerechten Helden keineswegs gelöst – er war ihm eher ausgewichen.

Auch tauchen immer wieder einstige Motive auf. Der junge Mechaniker Walter Fendrich erklärt im ›Brot der frühen Jahre‹: »Ob aus mir etwas geworden war oder nicht – es war mir gleichgültig.« Nahezu dasselbe hatte Fred Bogner behauptet – wobei man freilich ihm, dem Entgleisten aus dem Buch ›Und sagte kein einziges

28

Wort‹, die Gleichgültigkeit eher glauben konnte als dem tüchtigen und erfolgreichen Mechaniker. Wenn Walter Fendrich über sich und seine Freundin Hedwig sagt: »Wir beide sind in der Wüste und wir sind in der Wildnis« – so wiederholt Böll die Situation der Liebespaare aus seinen ersten Büchern, nur daß damals derartige Erklärungen, zum Unterschied von der Geschichte Walters und seiner Hedwig, durch die Umweltbedingungen gerechtfertigt waren. Wenn Paul ›Im Tal der donnernden Hufe‹ mitteilt, er »möchte was zerstören«, denn »es ist so sinnlos«, so zeugt diese Klage, die bei Böll auch früher im selben Wortlaut zu lesen war, nicht mehr vom Leiden an der Zeit, sondern nur von gewöhnlichem Pubertätsleiden.

Diese Bücher der fünfziger Jahre waren zugleich hartnäckige Versuche, die Form des Romans zu meistern. Wolfdietrich Rasch stellte fest: »Bölls Kunst ist ausgesprochen erzählerisch, aber nicht eigentlich episch. Das weitverzweigte Gewebe eines Romans, der Totalität intendiert, ist nicht so sehr seine Sache.« In Bölls Prosa zucken zwar Blitze, eine Welt vermochte er jedoch nicht zu beleuchten. ›Wo warst du, Adam?‹ ist eher eine Serie nur lose verbundener Episoden als ein Roman. Für das streng komponierte Buch ›Und sagte kein einziges Wort‹ ist ein novellistischer Grundriß bezeichnend. Das erste Buch scheint aus einzelnen Geschichten, das zweite aus einer Novelle entstanden zu sein.

Der Sprung von der Kurzgeschichte und der Novelle zum Roman wollte nicht recht gelingen. Im gewissen Sinne blieb Böll stecken – nicht im Vordergründigen, wohl aber im Fragmentarischen. In ›Haus ohne Hüter‹ werden vorwiegend einzelne Momentaufnahmen seelischer Krisen und kleine Genrebilder geboten. Sie beweisen abermals, daß Böll ein vortrefflicher Beobachter ist und daß es ihm an psychologischer Sensibilität nicht fehlt. Diese Aufnahmen – es sind in der Regel Nahsichtbilder – versperren ihm jedoch die Perspektive, und verdecken die Entwicklungslinien und Zusammenhänge. Bei der Erzäh-

29

lung ›Das Brot der frühen Jahre‹ hat man den Verdacht, dies seien die ersten Kapitel eines plötzlich abgebrochenen Romans. Auch das ›Tal der donnernden Hufe‹ ist letztlich nicht mehr als ein Bruchstück.

Nur in einigen kleinen satirischen Arbeiten vermochte er in diesen Jahren seine gesellschaftskritischen Absichten ganz ins Erzählerische umzusetzen. Zumal das Prosastück ›Doktor Murkes gesammeltes Schweigen‹ (1958), einer der Höhepunkte seines Gesamtwerks, ist ein vollendet hintergründiges Gleichnis vom Kulturbetrieb in der Bundesrepublik und von der Manipulierbarkeit Gottes in unserer heutigen Welt. So gerechtfertigt der Erfolg war, der diesen Arbeiten zuteil wurde, so wenig konnte man sich des Eindrucks erwehren, daß »die Option für den satirisch-humoristischen Autor« – wie Rolf Becker schrieb – »allzu oft nur ein Ausweichen vor den ethischen Fragestellungen des ›ernsten‹ zu kaschieren« suche.

Bedenklich war schon vorher die Reaktion auf das ›Irische Tagebuch‹ (1957). Manche Kritiker begrüßten diese Reportagen und Reflexionen mit betonter Genugtuung. Sie waren zufrieden, denn sie meinten, Böll hätte nun endlich darauf verzichtet, sich mit der deutschen Gegenwart auseinanderzusetzen. Wie Koeppen nach seinen Reiseberichten wurde also auch der Verfasser des ›Irischen Tagebuchs‹ nicht nur dafür gelobt, was er geschrieben hatte, sondern auch – und wohl vor allem – dafür, was er zu schreiben unterließ. Curt Hohoff, beispielsweise, urteilte: »Es war der ideologische Gips, eine Verwechslung der Wirklichkeit mit der dichterischen Realität, die Bölls frühere Bücher oft trübe und ärgerlich machte. Jetzt hat er sich freigeschrieben ...«

Als »reinste Katharsis« Bölls wertete Hohoff diese Gelegenheitsarbeit und beschwor ihn, auch weiterhin den politischen und aktuellen Fragen fernzubleiben. Indes war der Enthusiasmus einem unzweifelhaften Mißverständnis entsprungen, da auch das kleine Irlandbuch aus

30

der Feder eines engagierten Schriftstellers stammt. Es ist ein verstecktes Deutschlandbuch, denn mit seinen Reisenotizen strebt Böll eine mittelbare Kritik der einheimischen Verhältnisse an: Irland wird immer als Gegenbild zur Bundesrepublik gezeichnet.

Mit dem Roman ›Billard um halbzehn‹ (1959) enttäuschte Böll jene, die ihn nur als einen harmlos-biederen Humoristen oder als einen poetischen Schilderer fremder Länder rühmen wollten. Er bewies, daß er sich von seiner moralischen Aufgabe weder weglocken noch verdrängen ließ. Der Deutsche und seine Schmach – das ist das Thema dieses Buches. Aber nicht zeitgeschichtliche Ereignisse werden gezeigt; gesellschaftlich-politische Erscheinungen sind wiederum nur am Rande oder indirekt sichtbar. Fast alles spielt sich hingegen im privaten Raum ab. Die einzelnen Episoden, zumal die seelischen Krisen der wichtigeren Personen, führen konsequent zu dem Zentralproblem hin: Schuld und Unschuld jedes Einzelnen an den Katastrophen des deutschen Volkes, Untergang und Bewährung des Menschlichen in unserem Zeitalter.

Wie kein anderes Werk Bölls wird ›Billard um halbzehn‹ von moralischem Pathos getragen und ist zornige Abrechnung und mahnende Klage zugleich. Erst mit diesem Roman hat Böll den gegen einige seiner Bücher nicht zu Unrecht erhobenen Vorwurf entkräftet, er verbinde harte Zeitkritik mit Innerlichkeit und getarnter Idyllik. Die Frage nach der Haltung des Deutschen gestern und heute treibt er jetzt bis zum äußersten Punkt. Einen nach einundzwanzig Jahren zurückgekehrten Emigranten läßt er 1958 fragen: »Ich habe Angst, und die Menschen, die ich vorfinde – täusche ich mich, wenn ich sie nicht weniger schlimm finde, als die, die ich damals verließ?« Die Anklage erreicht ihren Höhepunkt in den Monologen einer Frau, der die Irrenanstalt im »Dritten Reich« wie in der Bundesrepublik zum Zufluchtsort und zur Stätte der »inneren Emigration« wird. Ihr Fazit lautet: »Verlorene Kinder, das ist schlimmer als verlorene Kriege.«

31

In diesem Sinne erweist sich die Auseinandersetzung mit der Vergangenheit immer als Auseinandersetzung mit der unmittelbaren Gegenwart. Auch wenn die Fabel ein halbes Jahrhundert umfaßt, ist der Roman vom historischen Akzent frei. Dem entspricht die formale Lösung: Böll konzentriert die äußere Handlung auf einen einzigen Tag des Jahres 1958 und läßt die Schicksale von drei deutschen Generationen lediglich in Erinnerungen, Berichten und Reflexionen seiner Gestalten sichtbar werden. Für ihn ist die Rückblende nicht nur ein technisches Hilfsmittel oder gar – wie für viele deutsche Autoren – ein Kompositionstrick.

In ›Billard um halbzehn‹ durchdringt tatsächlich das jetzige Bewußtsein der einzelnen Ich-Erzähler ihre Schilderungen von Erlebnissen, die Jahrzehnte zurückliegen. Und zugleich werden diese Geschehnisse durch den hochgespannten Ton der subjektiven Darstellung und durch den individuellen Blickwinkel der auftretenden Personen stets moralisch gekennzeichnet. Somit gibt es in ›Billard um halbzehn‹ mehrere Bewußtseinsebenen, die ineinander verschoben sind, sich kreuzen und gegenseitig ergänzen, jedoch nur eine Zeitebene: die Gegenwart.

Um die Schicksalsverflechtungen der letzten Generationen ins grelle Licht zu rücken, verknüpft Böll die Geschichte einer Architektenfamilie mit der Geschichte eines Bauwerks, einer Abtei, die einst vom Großvater errichtet und vom Sohn 1945 gesprengt wurde – und die vom Enkel wieder aufgebaut wird. Diesem Motiv, das die Kompositionsachse des Romans bildet, vermochte Böll überraschende und unheimliche Aspekte abzugewinnen; aber es bleibt doch der Eindruck einer aufdringlichen Symbolik und eines allzu offensichtlich konstruierten Schemas. Das trifft auch auf die verschiedenen Bilder und Zeichen sowie Sätze und Begriffe zu, die hier gleichsam als Leitmotive dienen: Sie wollen die Phänomene verallgemeinern und zugleich verdeutlichen, be-

32

einträchtigen indes die Konkretheit zeitgeschichtlicher Erscheinungen, die dadurch bisweilen sogar vernebelt werden.

Die bereits in Bölls erstem Buch auffällige Vorliebe für eine primitive Zweiteilung der Menschen in Opfer und Henker kehrt in ›Billard um halbzehn‹ in symbolischer Verschlüsselung wieder. Die Alternative – »Lämmer« oder »Büffel« – mußte die Realität verzerren und zu groben Vereinfachungen führen, die durch nicht gerade anspruchsvolle diskursive Partien – zumal im Schlußteil – keineswegs verringert werden. Im Zusammenhang damit steht auch die wenig überzeugende Gestalt des Mannes im Zentrum des Romans: Der Architekt Robert Fähmel ist wiederum ein leidendes Opfer der Zeit, ein räsonierender Beobachter und ein mit seiner Umwelt hadernder Sonderling. Nur einzelne isolierte Episoden aus seiner Vergangenheit wirken glaubwürdig. Bölls Bemühungen um einen Helden, der mit der bundesrepublikanischen Welt konfrontiert werden könnte, hatten sich abermals als erfolglos erwiesen.

Die psychologische Fragwürdigkeit, der vordergründige Symbolismus, eine störende Direktheit und ein mitunter allzu komplizierter Aufbau sollten jedoch nicht den Blick für die Tatsache verstellen, daß es Böll in einigen Teilen des Werks gelungen ist, auch viele gute Eigenschaften seiner Prosa zu vereinigen. Die Prägnanz der frühen Kurzgeschichten, deren Stil sinnlich und trocken zugleich war, der Perspektivenwechsel und die Simultaneität, einst erprobt in dem Roman ›Und sagte kein einziges Wort‹, die aus ›Haus ohne Hüter‹ bekannte Technik der Milieuschilderung und der charakterologischen Momentaufnahme, die im ›Tal der donnernden Hufe‹ erreichte Meisterschaft der Dialogführung und der Signifikanz der realistischen Details, die satirisch-groteske Sicht aus ›Doktor Murkes gesammeltem Schweigen‹ – alle diese Ausdrucksmittel und Elemente finden in ›Billard um halbzehn‹ nicht zu einer fugenlosen Einheit zusammen,

33

verleihen aber vielen einzelnen Abschnitten des Zeitpanoramas eine ungewöhnliche Intensität.

Böll schrieb einmal über Thomas Wolfe: »Es kommt darauf an, wieviel Sympathie ein Autor einflößt und wieviel man ihm verzeiht, und Thomas Wolfe verzeiht man eben, was bei anderen nicht durchgehen würde.« Dies gilt auch für ›Billard um halbzehn‹, ja für das ganze Werk Bölls. Er nötigt uns, mit dem Vortrefflichen und dem Unvergeßlichen fast immer auch das Schwache, oft Mißlungene, bisweilen das Peinliche hinzunehmen. Die allen seinen größeren Arbeiten eigentümliche Parallelität der guten und der schlechten oder zumindest bedenklichen Passagen wurde besonders deutlich in dem Roman ›Ansichten eines Clowns‹ (1963), in dem Böll zum erstenmal versucht, einen nicht-katholischen Helden in den Mittelpunkt zu stellen: Der Clown Hans Schnier, früher evangelisch, ist Atheist. Zugleich wird der Problematik des Katholizismus weit mehr Raum gewidmet – was früher nur *ein* Element der Böllschen Zeitkritik war und nicht das wesentlichste, rückte in den Vordergrund.

Aber zu intensiv ist die kritische Teilnahme des Clowns Schnier am dargestellten katholischen Milieu, und zu sehr regt ihn die Fragwürdigkeit seiner Repräsentanten auf, als daß man glauben könnte, man hätte es mit einem Nicht-Katholiken zu tun. Es ist Bölls Sache, ein ihm vertrautes Milieu aus einer verfremdeten Perspektive zu zeigen. Schniers Blickwinkel unterscheidet sich daher kaum von demjenigen seiner Vorgänger. Er hat über die katholische Welt zwar quantitativ mehr als sie zu sagen, indes zählt auch er lediglich Symptome auf und versetzt unentwegt Seitenhiebe, die hier – anders als in früheren Büchern Bölls – irritieren, weil ihnen sehr viel Platz eingeräumt wird und die Ergebnisse dieser Kritik in keinem Verhältnis dazu stehen. Meist beschränkt sich Böll darauf, menschliche Schwächen katholischer Funktionäre aufs Korn zu nehmen und sie der Heuchelei und des Konformismus, der Hartherzigkeit und des Snobismus zu be-

34

zichtigen. Statt jedoch mit epischen Mitteln zu überzeugen, reiht er Mitteilungen und Einzelheiten, Behauptungen und Fakten aneinander.

Während in der Darstellung der katholischen Welt eine Abneigung gegen das Intellektuelle bemerkbar wird, dominieren in der nicht weniger bedenklichen Kritik des Industriellenmilieus Elemente eines kleinbürgerlich-primitiven, proletenhaft-naiven Protests, der zwar schon in ›Billard um halbzehn‹ auffiel, doch in den ›Ansichten‹ besonders anachronistisch wirkt, weil Böll gegen den Stil und die Moral der großbürgerlichen Familie die saubere und gesunde Welt einer proletarischen Familie ausspielt.

Im Unterschied zu ›Billard um halbzehn‹ scheinen die ›Ansichten eines Clowns‹ weniger ein Buch der moralischen Entrüstung und des Aufruhrs zu sein als des Mißmuts und der Verärgerung. Da Böll sich immer wieder an Belanglosem reibt, kann er keine Distanz zum behandelten Milieu gewinnen. Der katholische Klüngel von Köln und Bonn verstellt ihm den Blick in die Welt. Der Roman hat infolgedessen keinen Hintergrund, keine Perspektive.

Gewiß haftet Bölls früheren Büchern ebenfalls etwas Provinzielles und Enges an. Aber die Schicksale ihrer Figuren ließen mannigfaltige Phänomene ahnen, die in diesen Büchern nicht dargestellt und nicht einmal erwähnt wurden. Denn es waren die Zeitverhältnisse, der Krieg vor allem, die aus diesen Menschen Sonderlinge und Außenseiter der Gesellschaft gemacht hatten. Der Clown Schnier hingegen soll eine andere Generation repräsentieren – er wurde 1935 geboren. Dennoch hat ihn Böll mit Erfahrungen, Besonderheiten und Ressentiments der eigenen Generation ausgestattet. Das mußte eine widerspruchsvolle Gestalt ergeben, die letztlich nur eine epische Hilfskonstruktion ist. Schnier scheitert auch nicht etwa an seiner Umgebung, sondern an seiner eigenen Unzulänglichkeit, für die man nicht die Zeit verantwortlich machen kann. Sein Schicksal mag traurig sein – symptomatisch oder aufschlußreich ist es nicht.

Aber zugleich enthält der Roman ›Ansichten eines Clowns‹ Beweise der erzählerischen Kraft Bölls. Schnier sagt einmal: »Ich bin ein Clown ... und sammle Augenblicke.« Augenblicke sind es auch, die Böll vor allem festhält: expressive Genrebilder, satirische Miniaturen, kleine Skizzen am Rande. Mit diesen Momentaufnahmen, die immer aus geringer Entfernung gemacht werden, gelingt es ihm, die Gefühle Hans Schniers zu seiner Freundin zu vergegenwärtigen, eine leise und unpathetische, eine häusliche Liebe zu zeigen, den Alltag einer erotischen Beziehung anzudeuten. Er bietet viele Beobachtungen, die ebenso den psychischen Bereich wie auch die sichtbare und greifbare Welt betreffen. Neben den Erinnerungen des Clowns an die Augenblicke gemeinsamen Glücks mit der Frau, die ihn verlassen hat, stehen seine qualvoll-exakten Visionen: Er stellt sich ihr Zusammenleben mit dem Mann vor, den sie geheiratet hat. Und das sind die Höhepunkte des Buches. Während Böll die gesellschaftskritischen Passagen meist nachlässig geschrieben hat, erweist er sich hier als Meister, der Winzigkeiten – zumal in den Schlußkapiteln – zu großer Ausdruckskraft verhelfen, tote Gegenstände zu ungeahntem Leben erwecken kann.

Sowenig solche Passagen unterschätzt werden sollten, sowenig können sie darüber hinwegtäuschen, daß der Roman ›Ansichten eines Clowns‹ das Dokument einer schriftstellerischen Krise ist, auf die schon die vorher veröffentlichten Arbeiten hindeuteten: die Geschichten ›Als der Krieg ausbrach – Als der Krieg zu Ende war‹ (1962) und das wunderliche Bühnenstück ›Ein Schluck Erde‹ (1962).

Es mag sein, daß Bölls Sozialkritik sich totgelaufen hat. Der hilflos-passive und doch protestierende, der naive und doch unentwegt räsonierende, der wenig begreifende und doch vieles beanstandende Held war als Kontrastfigur zu den bundesrepublikanischen Verhältnissen schon in dem Buch ›Und sagte kein einziges Wort‹ höchst frag-

36

würdig gewesen – und muß es ein Jahrzehnt später um so mehr sein. Aus der Perspektive einer derartigen primitiven Romangestalt läßt sich der komplizierten deutschen Gegenwart nicht mehr beikommen. Böll blieb indes bei seinem Modell des auf die Umwelt nur allergisch reagierenden Helden und konnte daher einem gewissen Anachronismus der Betrachtungsweise nicht entgehen. Es scheint, daß es ihm, der einst mit Recht im Namen einer ganzen Generation sprach, vorerst unmöglich war, mit der Entwicklung Schritt zu halten, also die Aufgaben zu erfüllen, die sich aus seinem Verhältnis zur Wirklichkeit, aus seinem Engagement ergeben.

Indem er zwar mit wechselndem Erfolg, aber unbeirrbar versuchte, im Dienste der Gegenwart die Einheit von Sprache und Gewissen, von Kunst und Moral zu verwirklichen, wird durch seine Bücher – von der Erzählung ›Der Zug war pünktlich‹ bis zum Roman ›Ansichten eines Clowns‹ – immer wieder die Frage aufgeworfen, was man von der deutschen Literatur unserer Zeit erwarten darf und erwarten soll. Oft läßt Böll uns zweifeln, ob er überhaupt als guter Schriftsteller gelten kann, um uns mit seinen besten Arbeiten schließlich davon zu überzeugen, daß er mehr als ein guter Schriftsteller ist. Die deutsche Literatur der fünfziger Jahre ist nicht mehr vorstellbar ohne ihn – den Zeitkritiker, den Moralisten Heinrich Böll.

(1963)

Allzu leicht macht er es den Gegnern seines Talents, schwer seinen Verehrern. Denn er nötigt uns, mit dem Vortrefflichen, ja dem Unvergeßlichen, immer auch das Schwache, oft das Mißlungene, bisweilen das Peinliche hinzunehmen. Wer ihn zu tadeln wünscht, braucht also nicht lange zu suchen: In jedem seiner Bücher sind Motive und Zitate zu finden, die sogar unerbittliche Angriffe gerechtfertigt erscheinen lassen – auch und vor allem in dem Buch ›Ansichten eines Clowns‹.

Dem bisher bestehenden Bild des Schriftstellers Heinrich Böll fügt dieser Roman keine überraschend neuen Züge hinzu. Vielmehr bestätigt und ergänzt er es – zuweilen auf erfreuliche, weit häufiger auf bedauerliche Weise. Daher werden die ›Ansichten‹, ich bin dessen sicher, von vielen entrüstet abgelehnt und mit zahlreichen überzeugend klingenden Argumenten gänzlich mißbilligt werden. Indes hat es, meine ich, schon lange keinen deutschen Roman gegeben, dem eine einseitige Beurteilung so wenig gerecht werden könnte. Denn mehr als für die früheren Bücher Bölls ist für die ›Ansichten‹ eine eigentümliche Parallelität der guten und der schlechten oder zumindest fragwürdigen Passagen bezeichnend. Und niemals war die Spanne der Qualitätsschwankungen innerhalb eines Böll-Werks so ungewöhnlich groß. Das Ergebnis: ein furchtbar enttäuschendes und sehr lesenswertes Buch. Die Ursachen sind zunächst einmal in seiner grundsätzlichen Konzeption zu suchen.

Der Clown Hans Schnier, Sohn eines reichen Industriellen berichtet über seine Familie und, weit ausführlicher, über ein Milieu, das er erst in den letzten Jahren kennengelernt hat: die bürgerlich-katholische, vornehmlich intellektuelle Gesellschaft von Köln und Bonn. Zugleich erzählt er von dem Zusammenleben mit seiner

38

Freundin Marie, die ihn verlassen hat. Somit setzt sich der Roman aus zwei Bestandteilen zusammen: einer sozialkritischen Darstellung und einer erotischen Geschichte, die sich ganz im privaten, ja im intimsten Bereich abspielt. Diese beiden Elemente sind unentwegt, vom Anfang bis zum Ende des Romans, miteinander verwoben. Doch sind sie es – allem Anschein zum Trotz – nur auf mechanische Weise. Und sowenig im Grunde genommen die katholischen Kreise von Köln und Bonn mit der Liebesgeschichte zu tun haben – obwohl Böll das Gegenteil behauptet –, sowenig ist das literarische Niveau dieser beiden Elemente vergleichbar. Daher vor allem der für diesen Roman so charakteristische Bruch, daher sein innerer Widerspruch.

Eine Auseinandersetzung mit der katholischen Welt hat es bisher in der Böllschen Epik *nicht* gegeben. Gläubige Katholiken waren seine Helden, das katholische Ritual spielte meist eine wichtige Rolle. Aber die Kirche und ihre Organisationen wurden nur mit Bemerkungen bedacht, die einzelnen Phänomenen galten. Es war eine Kritik der Seitenhiebe. Denn im Zentrum seiner Aufmerksamkeit standen andere Fragen: Krieg, Nationalsozialismus, Nachkriegselend, bundesrepublikanische Prosperität, Neofaschismus. Alles Katholische tauchte als eine selbstverständliche Begleitung auf. Und es war überdies immer eine Kritik von innen. Anders ausgedrückt: Böll litt an den deutschen Zuständen. Die katholischen Fragen hingegen ärgerten ihn nur und erbosten ihn.

In den ›Ansichten eines Clowns‹ versucht Böll zum ersten Mal die katholische Welt seines heimatlichen Bezirks mit nicht-katholischen Augen zu sehen. Der Ich-Erzähler Hans Schnier, früher evangelisch, ist Atheist. Zugleich wird der Problematik des Katholizismus (allerdings im lokalen Maßstab) weit mehr Raum gewidmet. Was in den früheren Büchern Bölls nur *ein* Element seiner Zeitkritik war und nicht das wesentlichste, rückt entschieden in den Vordergrund und beherrscht große Teile

39

des Buches. Die Veränderung der Zentralgestalt hat sich jedoch als illusorisch, die Verschiebung der Thematik als riskant erwiesen.

Zu intensiv ist die kritische Teilnahme des Clowns Schnier am dargestellten katholischen Milieu und zu sehr regt ihn die Fragwürdigkeit seiner Repräsentanten auf, als daß wir glauben könnten, wir hätten es mit einem Nicht-Katholiken zu tun. Zu den innigsten Wünschen dieses Schniers gehört eine Audienz beim Papst, von dem er unbedingt gesegnet werden möchte. Auch will er dem Papst erzählen, »wie eingebildet« und gemein ›führende‹ deutsche Katholiken seien, und er solle sich nicht täuschen lassen.« Mit Vorliebe singt Schnier katholische Litaneien, weil sie seine Kopfschmerzen und seine Melancholie lindern. Verräterisch ist jedoch der Satz: »Aber auch die Lauretanische Litanei half nichts, sie war wohl doch zu katholisch, und ich war wütend auf den Katholizismus und die Katholiken.« Ein Ungläubiger erhofft sich also vom katholischen Ritual Heilung und verübelt es dann dem Katholizismus, daß die Heilung ausbleibt.

Gewiß wollte Böll einen Atheisten zeichnen, unversehens ist ihm aber wieder sein alter Held geraten, ein Mann, den als Katholiken eben sein angeblicher Antikatholizismus erkenntlich macht. Böll kann nicht aus seiner Haut heraus. Das sollte man ihm nicht vorwerfen. Nur sollte er es auch nicht versuchen.

In der Tat unterscheidet sich Schniers Blickwinkel kaum von demjenigen seiner Vorgänger. Wenn er sich über Geistliche ärgert (übrigens meist über solche auf der niedrigsten Sprosse der Hierarchie), wenn er die Mitglieder des »Kreises Fortschrittlicher Katholiken« verspottet und sich über die Funktionäre vom »Dachverband Katholischer Laien« empört, so hat er über diese Welt quantitativ mehr als frühere Figuren Bölls zu sagen. Aber auch er zählt lediglich Symptome auf und dringt zu den Ursachen der Phänomene niemals vor. Wiederum ist es also eine Kritik, die sich nur aus Seitenhieben zusammensetzt.

40

Sie scheint auch oberflächlicher und vordergründiger geworden zu sein. In Wirklichkeit ist sie jedoch nicht mehr und nicht weniger oberflächlich als etwa in dem Buch ›Und sagte kein einziges Wort‹. Sie muß aber hier irritieren, weil sie so viel Platz einnimmt und die Ergebnisse in keinem Verhältnis dazu stehen.

Falsch wäre es, wollte man dies ausschließlich auf die intellektuelle Konzeption des Buches zurückführen. Es ist natürlich auch eine Frage des schriftstellerischen Handwerks. Nicht darum also geht es mir, daß Böll immer wieder nur die menschlichen Schwächen katholischer Funktionäre aufs Korn nimmt und vom Konformismus, von der Heuchelei und der Hartherzigkeit, von Snobismus und von der Eitelkeit spricht. Wichtiger erscheint mir, daß er davon eben nur *spricht*. Statt mit epischen Mitteln zu überzeugen, versetzt er serienweise Seitenhiebe und bietet Fakten und Einzelheiten. Aufzählungen verfehlen jedoch ihren Zweck: Sie können keiner Gestalt zum Leben verhelfen. Und es sind auch nicht Gestalten, die diesen Roman bevölkern, sondern meist nur aufrecht gehende Namen.

So erbost es Böll, daß auf katholischen Parties viel Unsinn geredet wird (auf welchen wird es nicht?), daß jemand eine Dreiviertelstunde über Beckett und Ionesco gesprochen hat (ich würde dagegen erst dann protestieren, wenn ich wüßte, was er gesagt hat), daß ein Pfarrer seine Predigten aus Rilke, Hofmannsthal und Newman mischt (das sind doch die schlechtesten Autoren nicht). Je mehr Böll gegen diese Kreise vorbringt, desto weniger kann ich ihm folgen. Einem Funktionär wirft er vor, was dieser gegen Ende des Krieges als vierzehnjähriger Jungvolkführer geäußert und getan hat. Ich bin wahrlich nicht dafür, daß die Geschehnisse jener Jahre in Vergessenheit geraten. Wenn es aber etwas gibt, was man uneingeschränkt verzeihen kann, dann sind es wohl die Taten der Kinder.

Zum erstenmal habe ich bei Böll den Eindruck, daß

sein Buch nicht der moralischen Entrüstung entspringt, sondern einem unentwegten Mißbehagen. Es ist nicht ein Buch des Aufruhrs, sondern der Verärgerung. Und dabei reibt er sich so sehr an Belanglosem und an Kleinigkeiten, daß er keine Distanz zum behandelten Gegenstand gewinnt und die großen Fragen unserer Zeit seiner Aufmerksamkeit entgehen. Der Roman ›Ansichten eines Clowns‹ hat keinen Hintergrund, keine Perspektive. Der katholische Klüngel von Bonn und Köln verstellt dem Autor den Blick in die Welt. Fast könnte man meinen, er hätte vergessen, daß in der Stadt, in der die Handlung spielt, außer einigen katholischen Organisationen und Pfarrern, die ihre Predigten aus unpassenden Quellen zusammenstellen, noch etwas existiert, was schließlich nicht ganz unwichtig ist: eine deutsche Regierung. Und dabei hat doch diese Regierung mit der katholischen Welt auch etwas gemeinsam.

Den früheren Romanen von Böll haftete ebenfalls etwas Provinzielles an, ihre Perspektive war eng. Aber die Schicksale ihrer Figuren ließen all das ahnen, wovon in den Büchern nichts gesagt wurde. Denn es handelte sich um Schicksale unserer Epoche. Es waren die Zeitverhältnisse, der Krieg vor allem, die aus diesen Menschen unglückliche Sonderlinge und Außenseiter der Gesellschaft gemacht hatten.

Der Clown Schnier repräsentiert hingegen eine andere Generation: Er wurde 1935 geboren. Böll hat ihn jedoch – wie auch seine früheren Helden – mit zahlreichen Erfahrungen, Besonderheiten, Abneigungen und Ressentiments der eigenen Generation ausgestattet. Das mußte eine widerspruchsvolle, eine unwahrscheinliche Gestalt ergeben. Er scheitert auch nicht etwa an seiner Umgebung, sondern vor allem an seiner Unzulänglichkeit, für die man nicht die Zeit verantwortlich machen kann. Traurig ist sein Schicksal, aber nicht symptomatisch, geschweige denn tragisch.

Mit dieser Gestalt ist auch die Kritik des Industriellen-

42

milieus verbunden. Viel wäre diesen Kreisen vorzuwerfen. Es spricht jedoch nicht gegen das bundesrepublikanische Großbürgertum, daß sein Vertreter (im Roman ist es Schniers Vater) es ablehnt, eisgekühlten Cognac zu trinken. Auf dieser Ebene bewegt sich im wesentlichen Bölls Kritik.

Während in der Darstellung des katholischen Milieus eine Abneigung gegen das Intellektuelle bemerkbar wird, dominieren hier Elemente eines kleinbürgerlich-primitiven, proletenhaft-naiven Protests, der besonders anachronistisch wirkt, weil Böll gegen den Stil der Familie Schnier und ihre Moral die saubere, derb-deftige, gesunde Welt der proletarischen Familie Wieneken ausspielt. Wann werden endlich die deutschen Schriftsteller aufhören, das einfache Leben zu preisen?

So hat sich also Bölls Sozialkritik totgelaufen. Die Themen und Objekte haben sich verändert und können nicht mehr so betrachtet und dargestellt werden wie etwa vor einem Jahrzehnt. Dem großen Chronisten der Nachkriegszeit, der einst mit Recht im Namen einer ganzen Generation sprach, ist es nicht gelungen, mit der Entwicklung Schritt zu halten.

Daß Böll jedoch zu den stärksten Talenten der deutschen Gegenwartsliteratur gehört, hat er – so paradox es an dieser Stelle klingen mag – in den ›Ansichten‹ abermals bewiesen. Freilich sind die Schwächen dieses Buches laut und aufdringlich, die Schönheiten hingegen still und diskret. Aber sie dürfen auf keinen Fall ignoriert werden. Da gibt es neben einigen glanzvollen satirischen Momentaufnahmen und vortrefflich geschriebenen kleinen Genreszenen, die übrigens immer isoliert bleiben, vor allem jenen anderen Bestandteil des Romans, von dem bisher noch nicht die Rede war. Denn das Buch des Mißmuts ist zugleich ein Buch der Liebe.

Sechs Jahre waren sie zusammen, haben jedoch nicht geheiratet. Dann geht sie zu einem anderen. Warum? Weil Schnier sich geweigert hat, zu unterschreiben, er

43

werde die eventuellen Kinder katholisch erziehen, was die Eheschließung unmöglich gemacht hat? Gewiß wird der Roman so interpretiert werden, es sollte jedoch nicht übersehen werden, daß Böll seinen Helden im Zusammenhang mit der erwähnten Weigerung vieldeutig sagen läßt: »Der Anlaß war's schon – aber es kommt wohl vieles hinzu, was ich nicht verstehe.«

Scheitert dieser Bund – die Symbolik der Fehlgeburten scheint mir übrigens allzu vordergründig zu sein –, weil er nicht von der Kirche gesegnet war? Böll will die Frage weder bejahen noch verneinen. Am Ende muß aber der ungläubige Clown, der sich der Eheschließung widersetzt hat, betteln. Es wird dem Leser überlassen, darin eine Strafe Gottes zu sehen. Wie dem auch sei: Nichts wäre abwegiger, als anzunehmen, Böll habe etwa das Sakrament der Ehe anzweifeln wollen. Es kann aber vermutet werden, daß er eine liberalere und verständnisvollere Regelung der sehr strengen und übrigens erst seit 1918 gültigen katholischen Vorschriften für Mischehen im Sinne gehabt hat.

Für die eigentliche Liebesgeschichte, die in dem Roman erzählt wird, ist jedoch die konfessionelle Problematik so gut wie irrelevant. In dem Buch heißt es einmal: »Ich bin ein Clown ... und sammle Augenblicke.« Augenblicke aus dem Zusammenleben zweier junger Menschen sind es auch, die Böll festhält. Mit diesen Momentaufnahmen, die immer aus kleinster Entfernung gemacht werden, gelingt es ihm, mit ungewöhnlicher Intensität eine leise, eine unpathetische, eine häusliche Liebe zu vergegenwärtigen. Er zeigt, was so selten gezeigt wird: den Alltag einer Liebe.

Während die sozialkritischen Passagen meist blaß und trocken geschrieben sind, leuchtet hier sofort sein Talent auf. Nie hat sich Böll so sicher des charakterisierenden Details bedient, nie hat er den Winzigkeiten so gewaltige Ausdruckskraft, den toten Gegenständen soviel Leben abgewonnen. Er bietet eine Fülle von Beobachtungen, die sich ebenso auf psychische Erlebnisse wie auf die sichtbare und greifbare Welt beziehen. Merkwürdigerweise hatte ich immer den Eindruck, daß sich diese Geschichte, die mit dem anderen Teil des Romans so schwach verkoppelt ist, nicht zwischen 1956 und 1962 abspielt, sondern zehn Jahre früher. Auch die Liebesgeschichte scheint also aus verschiedenen Gründen etwas anachronistisch zu sein.

Neben den qualvoll-exakten Erinnerungen Hans Schniers an die mit Marie gemeinsam erlebten Augenblikke stehen seine Visionen ihres Zusammenlebens mit dem Mann, den sie geheiratet hat: »Wenn ich mir vorstellte, daß sie seine Zigarette aus dem Aschenbecher nehmen und weiterrauchen würde, wurde ich fast wahnsinnig und die Einsicht, daß er Nichtraucher war, ... bot keinen Trost.«

Einigen Abschnitten, in denen Bölls Clown von seinem Schmerz und seiner Eifersucht spricht, kann in der neuesten deutschen Prosa nur wenig an die Seite gestellt werden. Böll erweist sich als ein Meister, dessen Originalität die vollkommene Schlichtheit ist. Da hört man keine falschen Töne, da hat man nie den Verdacht, die Natürlichkeit sei mühselig erreicht worden. Nicht künstlich produziert ist der Hauch eines gewissen Dilettantismus, der dieser saloppen, so lässigen, so selbstverständlich klingenden und dabei so präzisen Diktion einen besonderen Reiz gibt. An einigen Passagen, die vor allem in den Schlußkapiteln zu finden sind, können jüngere deutsche Autoren lernen, was Prosa ohne Affektation, ohne Pose ist.

Allein, von einem Schriftsteller, der derartige poetisch eindringliche Abschnitte schreiben kann, muß mehr, viel mehr verlangt werden, als er in den ›Ansichten eines Clowns‹ geboten hat. Und noch eins, um Mißverständnissen vorzubeugen. Böll sagt einmal: »Daß der Autor engagiert sein sollte, halte ich für selbstverständlich.« Nicht sein Engagement hat den Roman fragwürdig werden lassen, sondern eher ein – in diesem Fall – allzu peripheres oder allzu kleinliches Engagement.

(1963)

45

Erbärmlich der Künstler, der nie gescheitert ist. Denn nur dem kann es gelingen, nie die Latte abzureißen, der nie einen hohen Sprung wagt. Aber der Umstand allein, daß die Latte abgerissen wurde, beweist noch nichts – am wenigsten, daß jemand einen tatsächlich hohen Sprung versucht hat. So spricht auch die Niederlage eines Künstlers zunächst einmal weder gegen noch für ihn: Erst muß geklärt werden, worauf sie zurückzuführen ist.

Worauf also ist es zurückzuführen, daß sich die neuen Bücher von zwei hervorragenden deutschen Schriftstellern der mittleren Generation – Heinrich Böll und Martin Walser – als Fehlschläge erweisen? Die Frage scheint mir höchst wichtig. Nicht nur, weil es um Böll und Walser geht, obwohl dies Anlaß genug wäre, sich mit den beiden nicht umfangreichen Veröffentlichungen genauer zu befassen. Aber es handelt sich zugleich um exemplarische Fälle, die uns die Misere der deutschen Prosa von heute mit einer Deutlichkeit vergegenwärtigen, auf die wir gern verzichtet hätten.

Es mag verwundern, daß hier Böll und Walser zusammen genannt werden. Zwar stehen beide seit Jahren im Mittelpunkt unseres literarischen Lebens, doch auf verschiedenen Ebenen. Der eine verdankt seine Position großen Erfolgen, der andere eher vielbeachteten Mißerfolgen. Der eine kann auf seine Gemeinde stolz sein, der andere auf seine Feinde. Der eine verfügt, obwohl erst 47 Jahre alt, bereits über ein Lebenswerk. Der andere steckt, obwohl schon 37 Jahre alt, immer noch in seiner Frühperiode. Der eine ist ein umstrittener Klassiker geworden, der andere ein klassischer Anfänger. Über Böll sagen die Skeptiker: Man weiß, womit bei ihm bestenfalls zu rechnen ist. Über Walser sagen seine Anhänger: Man kann nie wissen, womit er aufwarten wird.

46

Während aber Walsers Geschichtenband beunruhigt und verärgert, hat mich Bölls Erzählung ›Entfernung von der Truppe‹ geradezu bestürzt. Held und Ich-Erzähler ist diesmal ein etwa fünfzigjähriger Kölner Bürger, Inhaber einer Kaffee-Großhandlung. Nun hat uns Böll schon daran gewöhnt, daß Alter, Beruf, soziale Position, Bildung und Konfession kaum einen Einfluß auf die Charaktere und Anschauungen seiner zentralen Gestalten haben: Ob Angestellter oder Architekt, ob Clown oder Großkaufmann – es sind immer wieder unglückliche Sonderlinge und bedauernswerte Außenseiter, hilflos passive und doch protestierende, naive und unentwegt räsonierende, leidende, aber auch stets sich selbst gründlich bemitleidende Menschen. Meist reagieren sie auf ihre Umwelt nur allergisch, manchmal hysterisch. Sie begreifen nicht viel, spüren jedoch das Böse und sind dagegen – im »Dritten Reich« ebenso wie in der Bundesrepublik.

Das alles trifft auch auf den neuen Ich-Erzähler zu, der allerdings – wie schon Bogner in ›Und sagte kein einziges Wort‹ – weniger eine typische Zeitgestalt als vor allem ein pathologischer Fall zu sein scheint. Er selbst hält sich für einen »tumben« Menschen und meint, er sei Neurotiker. Infolge einer Kopfverletzung stottert er. Oft überfällt ihn ein ekelerregendes »fast epileptisches Zucken«. Er weigert sich grundsätzlich, seine Schuhe zu putzen, säubert sich hingegen gern seine Fingernägel – mit einer Gabel. Was die Konfession betrifft, sei er »ein unbeschriebenes Blatt«, würde gern Jude werden und bezeichnet sich »privat als kommender Christ«. Auch sei er, hören wir, Romantiker und müsse sich beherrschen, um sich »nicht in die dunklen Fluten des Rheins hineinzuwerfen«.

Dieser unglückselige Mensch erzählt einige Abenteuer aus seinem Leben, zumal aus jener Zeit, da er Uniformträger war. Im Arbeitsdienst fiel dem damaligen Philologiestudenten, der sich offenbar an der Welt rächen wollte, nichts Besseres ein, als seinen Vorgesetzten mit der Schneide des Spatens in die Kniekehle zu schlagen, und zwar »nicht einmal absichtlich«, sondern »von einer unsichtbaren himmlischen Vernunft getrieben«. Zur Strafe wird er »in die fäkalischen Gefilde verdammt«: Er muß alltäglich die Riesenlatrine des Lagers leeren. Indes sollen in Bölls Erzählungen »Kloakendüfte dieselbe Funktion haben wie anderswo Rosendüfte«. Ich gestehe, daß es mir schwergefallen ist, dies nachzuvollziehen.

Der Hinweis des Ich-Erzählers auf die Funktion der Düfte hat jedoch seinen konkreten Grund: In der Welt der Kloaken lernt er einen Mann namens Engelbert (genannt Engel) kennen, dessen Gesicht »strahlend« wirkt und der es nicht unterläßt, während seiner fäkalischen Tätigkeit bisweilen einen Rosenkranz zu beten. »Du solltest meine Schwester heiraten«, lauten seine ersten Worte an den Ich-Erzähler, der hierzu bemerkt: »Ich schwieg, wie nur einer schweigen kann, der Botschaft und Befehl eines Engels entgegennimmt.«

Bölls Held, der meint, »durch einen Fäkaliengeruchsgürtel« in einem »elfenbeinernen Turm gefangengehalten« zu sein, begibt sich zu jener Schwester: »Als ich auf den Klingelknopf drücken wollte ..., öffnete Hildegard, fiel mir in die Arme, und aller schlimmer Geruch war von mir genommen.« Doch nur für kurze Zeit. Nachdem er rasch geheiratet hat, kehrt der Ich-Erzähler nicht mehr zum Arbeitsdienst zurück, wobei auffällt, daß er sich nicht die geringsten Gedanken über die möglichen Folgen dieser Entfernung von der Truppe macht. Und prompt wird er verhaftet.

Während des Krieges ist er – eines Augenleidens wegen – vom Schießen befreit. Sein Vorgesetzter »drehte einfach den Diphthong in Schießen um« und verurteilte ihn zu jener Beschäftigung, die »unter Altgedienten ... gemeinhin als ›Scheißetragen‹ bekannt« ist. So werden uns wiederum Kloakendüfte geboten. Menschen, die ihm nicht passen, den Vorgesetzten zumal, kippt unser Held gelegentlich ganze Eimer Fäkalien vor die Füße, um sich »durch Auslegen eines Fäkaliengürtels ... unnahbar zu halten«.

Mit wem haben wir es eigentlich zu tun? Mit einem pfiffigen Burschen, einem Schelm? Oder vielleicht – und zu dieser Vermutung gibt das Buch häufig Anlaß – mit einem Schwachsinnigen? Wollte etwa Böll den Lesern die Karikatur seines bisherigen Helden vorführen?

Allein, es sind nicht nur die in diesem Prosastück dominierenden Motive, die, gelinde gesagt, befremden müssen. Den munteren und lockeren Plauderton, der bisweilen gelassen und salopp, bisweilen jedoch nur nachlässig klingt, kennen wir bereits aus ›Ansichten eines Clowns‹. Der Umstand, daß Böll jetzt meist nicht darstellt, sondern nur feststellt, also nicht mit epischen Mitteln sichtbar macht, sondern sich auf die nackte Mitteilung beschränkt, überrascht ebenfalls nicht, da auch dies schon in manchen Teilen des ›Clowns‹ auffiel.

Aber gleich im ersten Satz der ›Entfernung von der Truppe‹ sagt der Ich-Erzähler, er möchte einige Erklärungen zu seiner Person abgeben, »von denen ich zuversichtlich hoffe, daß sie mißverstanden werden und Mißtrauen erwecken«. Mehrfach heißt es, hier bekomme der Leser nur ein paar Striche und Punkte geboten, Konturen also, die er sich selber ausfüllen könne: Das Prosastück sei lediglich als »Malvorlage« gedacht. Nach einer Charakteristik seiner Schwiegermutter sagt der Ich-Erzähler: »Wenn der Leser jetzt gar nicht mehr weiß, was er von ihr halten soll, habe ich mein Ziel erreicht.«

Zwischen diesen Bemerkungen und der eigentlichen Materie des Buches ist jedoch kein rechter Zusammenhang, ja sogar ein Widerspruch vorhanden. Die zahlreichen Angaben des Helden über seine Person mögen allerlei Reaktionen herausfordern – Mißtrauen erwecken sie nicht. Der Charakteristik jener Schwiegermutter mangelt es weder an Deutlichkeit noch an Klarheit. Und das Ganze hat im Grunde mit einer Malvorlage nichts zu tun. In

49

der zweiten Hälfte unterbricht Böll seine Geschichte und fügt Zitate aus der Presse ein. Dieses zeitgeschichtliche Material kommentiert er nicht, vielmehr schlägt er dem Leser vor, »sich seine eigene Wirklichkeit daraus zu bilden«.

Was ist mit Böll geschehen? Sollte etwa die Berücksichtigung wenig appetitlicher und geradezu ekelerregender Phänomene auf den Einfluß von Günter Grass zurückzuführen sein? Wenn Böll sich bemüht, nur Anhaltspunkte für vage Mutmaßungen zu geben – folgt er vielleicht Uwe Johnson? War es Alexander Kluge, der Böll zu der Einblendung von Zeitdokumenten angeregt hat?

Wie dem auch sei – hier versucht Böll mit verstellter Stimme zu sprechen. Er, dessen Prosa mit Recht Schule gemacht hat, glaubt, seine Eigenart verleugnen zu müssen. Statt zu schreiben, wie ihm der Schnabel gewachsen ist, strebt er Modernität an. Und zwar eine gründlich mißverstandene Modernität.

Das Buch endet mit den Worten: »Der Erzähler verbirgt etwas. Was?« Das, in der Tat, ist eine entscheidende Frage. Und mag sie auch ironisch gemeint sein, sie sollte doch ernsthaft beantwortet werden. ›Entfernung von der Truppe‹ ist Symptom einer Krise, deren Existenz schon die ›Ansichten eines Clowns‹ erkennen ließen. Ähnlich wie Walser verbirgt Böll nichts anderes als jene Unsicherheit, die für viele deutsche Schriftsteller, die nach 1945 zu schreiben begonnen haben, immer charakteristischer wird – ebenso für diejenigen, die häufig Bücher veröffentlichen, wie auch für diejenigen, deren Schweigen seit einigen Jahren unüberhörbar ist. Und wie bei Walser hat auch bei Böll diese Krise einen offensichtlichen Rückzug verursacht, wenn nicht gar eine Kapitulation.

Sollte sich Heinrich Böll jetzt nicht einige Zeit Ruhe gönnen? Er hat sie längst verdient, mehr als alle anderen deutschen Schriftsteller seiner Generation.

(1964)

50

Nachdenken über Leni G.

Heinrich Böll, der längst arrivierte Einzelgänger und der allseits sanktionierte Rebell, der repräsentative Außenseiter der bundesdeutschen Gesellschaft und ihr in Bonn und Ostberlin, in Rom und Moskau akkreditierter Ankläger, hat das Kunststück vollbracht, ein Praeceptor Germaniae zu werden und ein rheinischer Schelm zu bleiben.

Autorität und Leichtsinn – das reimt sich natürlich nicht. Doch heutzutage, scheint es, sind Prediger nur noch erträglich, wenn sie sich zugleich als Spaßmacher bewähren. Damit hängt wohl Bölls Erfolg zusammen und auch sein internationaler Ruhm. Denn er hat der Welt zu bieten, was sie nach wie vor, bewußt oder unbewußt, von einem deutschen Schriftsteller erwartet und verlangt: Moral und Schuldbewußtsein. Indes verweigert er ihr, was man gemeinhin für deutsch hält: das Gründliche und das Feierliche. Und gerade das, was die Welt bei den Nachkommen jener, die im Teutoburger Wald leider gesiegt haben, am wenigsten vermutet, findet sich bei Böll: Charme und Humor, eine nicht zu unterschätzende Portion Schalkhaftigkeit und auch eine rührende Schwäche.

Er ist ein Prediger mit clownesken Zügen, ein Narr mit priesterlicher Würde. Aber er ist kein Komödiant. Er macht den Leuten nichts vor. Ungleich klüger als alle seine Helden, ist er ebenso unsicher wie sie und ebenso ratlos. Er denkt nicht daran, seine Ohnmacht zu tarnen oder zu verbergen, und er hat andererseits nichts mit jenen deutschen Schriftstellern gemein, die sie zu Markte tragen und als letzten Trumpf auszuspielen versuchen.

In der authentischen Hilflosigkeit, in seiner Schwäche steckt paradoxerweise Bölls Stärke: Sein Ruhm kann nichts daran ändern, daß er einem – und das ist ganz ohne

Herablassung gemeint – immer auch etwas leid tut. Dieses mit lauem Wohlwollen nicht zu verwechselnde Mitgefühl, das er nie provozieren wollte und das gleichwohl viele seiner Leser kennen (während es jenen der Bücher von Dürrenmatt oder Grass oder Uwe Johnson eher fremd sein dürfte), trägt ebenfalls zu seinem Erfolg bei. Es gibt Schriftsteller unserer Zeit, die wohl mehr geschätzt und bewundert werden als er. Aber Böll, glaube ich, wird geliebt – und vielleicht können wir nur lieben, wo wir auch etwas Mitleid empfinden.

Sein neues Buch, der Roman ›Gruppenbild mit Dame‹ kann diese Zuneigung nur noch steigern. Doch ähnlich wie beim Roman ›Ansichten eines Clowns‹, wo Böll den plötzlichen Zuwachs an Publikum dem kaum gehemmten Ausbruch der Sentimentalität zu verdanken hatte, wird auch dem ›Gruppenbild‹ gerade seine Fragwürdigkeit zu dem wahrscheinlich spektakulären Erfolg verhelfen; schon jetzt, ein paar Tage nach dem Erscheinen, läßt der Verlag das hundertste Tausend drucken.

Aber das Buch erinnert nicht so sehr an den ›Clown‹ als vielmehr an den früheren Böll-Roman ›Billard um halbzehn‹. Denn was hier als Geschichte und Porträt der Leni Gruyten, einer 1922 geborenen Kölnerin, beginnt, weitet sich rasch zu dem vom Titel angekündigten Gruppenbild aus. Das Gruppenbild wiederum erweist sich als ein Gesellschaftsquerschnitt, der ebenso den Multimillionär wie die Männer der Müllabfuhr erfaßt, und als Zeitpanorama, das sich zwar vor allem auf die dreißiger und vierziger Jahre konzentriert, doch darüber hinaus von der ausgehenden wilhelminischen Ära bis heute reicht.

Kurz: ein Deutschlandbuch wie eben ›Billard um halbzehn‹, nur ungleich opulenter. Noch nie war bei Böll eine solche (oft schon verwirrende) Fülle der Motive und Milieus, der Fakten und Figuren, der Stoffe und Schauplätze zu finden. In manchen Kapiteln jagt förmlich ein Einfall den nächsten. Ein Erzähler, dessen Beobachtungsgabe kaum zu übertreffen ist und dessen Sensibilität und Phan-

52

tasie keine Grenzen kennt, schöpft aus dem vollen. Also ein neues Meisterwerk? Ach, dieses umfassendste und auch tatsächlich reichhaltigste Böll-Buch, das sich durch so großzügige Intentionen und Dimensionen auszeichnet, scheint mir zugleich sein am wenigsten ehrgeiziges Werk.

Das Schema ist einfach und hat sich schon häufig bewährt, zuletzt in Christa Wolfs Roman ›Nachdenken über Christa T.‹: Der Ich-Erzähler, ein gewandter und gewitzter Mann, von Beruf offenbar Journalist, auf jeden Fall ein passionierter Amateurdetektiv und Amateurpsychologe, bemüht sich, laut eigener Aussage, »Wahrheitsfindung zu betreiben«. Seine Wahl fällt aber nicht – wie meist in solchen Romanen und auch bei Christa Wolf – auf eine schon tote Person, deren Leben rekonstruiert werden soll, sondern, aus welchen Gründen auch immer, auf jene nicht mehr ganz junge Kölnerin Leni G., die gerade ein Verhältnis mit einem türkischen Gastarbeiter begonnen hat.

Sie weigert sich jedoch Auskünfte zu erteilen. Überdies sind viele Menschen ihrer Umgebung – die Eltern, der Bruder, eine für ihre Entwicklung wichtige Nonne, und vor allem drei Männer, mit denen sie während des Krieges zu tun hatte – längst gestorben. So muß der hartnäckige Wahrheitssucher Zeugen befragen und sie nicht nur über Leni, sondern auch über diese ihr einst nahestehenden Personen berichten lassen. Und schließlich enthalten die meisten Zeugenaussagen mittelbare oder unmittelbare Selbstdarstellungen, die oft in Selbstrechtfertigungen übergehen.

Das ganze Buch besteht aus solchen (in direkter Rede wiedergegebenen) Erinnerungen und Schilderungen; sie werden ergänzt von einigen eingeblendeten Dokumenten und von dem Bericht des Ich-Erzählers, der über seine Bemühungen Rechenschaft ablegt und dessen Akribie und Faktengläubigkeit übrigens komisch wirken sollen, jedoch, meiner Ansicht nach, eher albern und ermüdend

53

sind. Aber was sich im Laufe der Lektüre immer mehr als eine Sammlung kleiner literarischer Arbeiten erweist, war unzweifelhaft als ein Roman mit einer zentralen Figur und einer auch jetzt noch erkennbaren Fabel geplant. Denn da gibt es ja im Mittelpunkt diese Leni, die mir, um es gleich zu sagen, gar nicht gefällt.

Daß Böll die Einfalt liebt und die Armut zum Wert an sich avanciert und gern besingt, daß er Zivilisatorisches häufig verspottet und dem Geist und der Bildung ein für allemal mißtraut, wissen seine Leser längst. Und obwohl mir da, wo man heute bei Vokabeln wie »Intellektueller« oder »Literat« sofort hinzufügen muß, daß sie nicht negativ gemeint seien, antizivilisatorische Affekte und anti-intellektuelle Ressentiments – und für beides liefert der neue Roman leider viele weitere Belege – recht gefährlich scheinen, habe ich mich mit ihnen bei Böll (aber nur bei Böll!) fast schon abgefunden.

Doch fällt mir auf, daß er seinen Helden mit der Zeit immer weniger Verstand gönnt. Der Clown Hans Schnier durfte noch gelegentlich Intelligentes äußern, was sich dem Ich-Erzähler der ›Entfernung von der Truppe‹ nicht mehr nachrühmen ließ: Er bezeichnete sich selber – und nicht zu Unrecht – als »tumb«. Leni ist es ebenfalls, nur daß sie sich dessen nicht einmal bewußt werden kann. Gleich am Anfang heißt es: »Leni versteht die Welt nicht mehr, sie zweifelt daran, ob sie sie je verstanden hat.« Den Lesern des Romans werden jedoch derartige Zweifel erspart: Es ist klar, daß Leni absolut nichts kapiert, daß sie »keineswegs die politischen Dimensionen des Nazismus auch nur andeutungsweise überschaute« und daß sie, beispielsweise, bis zuletzt nicht gewußt hat, »was überhaupt ein Jude oder 'ne Jüdin ist«. Bei einer Bewohnerin der Stadt Köln, die 1945 dreiundzwanzig Jahre alt und längst berufstätig war, deutet dies nicht nur auf Beschränktheit hin, sondern eher schon auf ziemliche Verblödung. Ist es zweckvoll, eine derartige Figur in den Mittelpunkt eines zeitkritischen Romans zu stellen?

Aber sowenig dieses Mädchen begreift, soviel fühlt es. Kein Verstand, doch das Herz auf dem rechten Fleck – das ist eine Mischung, die von deutschen Dichtern (wenn auch nicht gerade von den besseren) immer schon bevorzugt wurde. Überdies rühmt Böll Lenis »direkte, proletarische, fast geniale Sinnlichkeit«, der ihre schwärmerische Naturmystik entsprechen soll: Ihre Defloration wünscht sie sich im Freien, womöglich auf Heidekraut. Daß alle Männer hinter dem schweigsamen Mädchen her sind, versteht sich von selbst, aber – so eine »Auskunftsperson« – »getraut hat sich keiner. Die war unnahbar...« Wieso eigentlich »unnahbar«? Ist das nun ein reales Mädchen oder vielleicht gar ein Symbol?

Daß Böll wohl beides zugleich im Sinne hatte, kann man der wichtigsten Episode des Buches entnehmen. In der Friedhofsgärtnerei, in der Leni arbeitet, lernt sie 1943 einen jungen (und »übersensiblen«) russischen Kriegsgefangenen namens Boris kennen. Den Nazis zum Trotz labt sie den Feind mit einer Tasse Kaffee, später betreut sie ihn liebevoll, sie stürzt sich sogar in beträchtliche Schulden, um ihm immer wieder Zigaretten und Lebensmittel kaufen zu können. Boris weiß sich dafür erkenntlich zu zeigen: Er, der vorzüglich Deutsch kann, macht sie mit der Poesie Georg Trakls und Brechts bekannt, er empfiehlt ihr die Prosa Franz Kafkas, ja, der junge Sowjetrusse bringt dem katholischen Mädchen, das seit dem vierzehnten Lebensjahr »unkirchlich dahinlebt«, das Beten wieder bei.

Hier wird die Ungerechtigkeit und Grausamkeit der Welt mitten im Kriege besiegt von der Liebe einer Deutschen und eines Russen. Nur wenn bombardiert wird, können sie allein sein. Und ihre Rendezvous finden in der Privatkapelle einer Familiengruft statt. Für die Liebe ist Platz lediglich in einer Gruft und zugleich an einem geweihten Ort. Das ist, wird man zugeben, nicht bloß ein makabrer und dekorativer Hintergrund, sondern auch einer, dessen Symbolik nichts zu wünschen läßt.

55

Ob sich Böll bewußt ist, was er hier getan hat? Daß diese blonde, treuherzige und einfältige Leni, die Edle, Hilfreiche und Gute, die Zarte und in der Regel Unnahbare, die aber, wenn es darauf ankommt, auch kräftig zupacken kann, die Schubert liebt, traurige Verse gern hört und Lieder singen kann wie »die schöne junge Lilofee«, daß diese Leni mit ihrer ganzen Weltfremdheit und Naturverbundenheit haarscharf einem fatalen deutschen Mädchenideal entspricht? Sie geistert durch schlechte deutsche Bücher, Filme und Balladen. Und ob sie hier einem Sowjetrussen Kaffee spendiert oder in den Freiheitskriegen einem schmucken französischen Leutnant Rotwein reicht oder im Teutoburger Wald einem römischen Legionär Met serviert, ob sie sich – wie hier – im Heidekraut liegend dem »eben erglühenden Sternenhimmel« hingibt oder woanders auf einer Wiese dem Mond oder der Sonne – es läuft alles auf das gleiche hinaus.

Nein, machen wir uns nichts vor: Diese Leni G. ist nicht im geringsten repräsentativ oder typisch für die dargestellte Epoche oder für unser Jahrhundert. Sie ist zeitlos und ewig. Aber was hier Urständ feiert, ist nicht etwa das Ewig-Weibliche, sondern leider – und das muß bei allem Respekt vor Böll doch ganz deutlich gesagt werden – der offenbar ewige deutsche Kitsch. Sicher ist, daß man der Geschichte von Leni und Boris in deutschen Landen noch viele Tränen nachweinen wird. Ein Trost bleibt: Auch Böll weiß mit der liebenden und später vom Pech verfolgten Leni nicht viel anzufangen. In der zweiten Hälfte verliert er sie immer häufiger aus den Augen, was dem Roman nie schadet. Gerade die vielen kleinen Geschichten und Skizzen, Humoresken und Genrebilder, Plaudereien und Anekdoten, in denen von Leni kaum oder überhaupt nicht die Rede ist, sind die ungleich interessanteren Partien des Bandes.

Sollten jedoch Wissenschaftler, die sich des ›Gruppenbilds‹ bestimmt gern annehmen werden – es eignet sich vorzüglich für Interpretationen –, etwa zu dem Ergebnis

56

kommen, die Komposition des Ganzen sei durchdacht und womöglich raffiniert, dann gestatte ich mir schon jetzt zu sagen, daß ich davon kein Wort glaube. Ein Formprinzip ist in diesem Buch überhaupt nicht erkennbar. Offensichtlich läßt sich Böll von seinen Einfällen treiben. Und er läßt sich gehen: Ungeniert und sorglos, ganz ohne Skrupel reiht er viele einzelne Stücke aneinander. Ihr Wert ist höchst unterschiedlich: Hier gibt es Läppisches und Albernes, und hier findet sich Meisterhaftes, wie es nur Böll schreiben kann.

Auch der Sprache des Romans merkt man an, wie gering diesmal Bölls Selbstkontrolle war. Er kümmert sich kaum um Alter, Beruf und Bildung, um die soziale und nationale Zugehörigkeit der zu Worte kommenden Ich-Erzähler – fast alle sprechen das gleiche Idiom, ein Böllsches *colloquial German* –, was noch nicht so schlimm ist wie der sich aufdrängende Verdacht, daß hier die Darstellung aus der Sicht verschiedener »Auskunftspersonen« als Alibi für stilistische Nachlässigkeit und mitunter auch für pure Geschwätzigkeit mißbraucht wird. Noch nie hat ein deutscher Klassiker so schlampig geschrieben wie diesmal Heinrich Böll.

Das gilt auch für die Schlußkapitel: Da geht dem Autor plötzlich die Puste aus, und wie einst Lessings ›Nathan‹ läuft der Roman holterdiepolter auf ein glückliches Ende zu. Alles wird rasch zum Märchenhaften und zum Wunderlichen hingebogen und in resignierende Heiterkeit aufgelöst. Die hier deutlich werdende kauzig-eigenwillige Haltung – sie ist schon aus dem ›Ende einer Dienstfahrt‹ bekannt – sollte man allerdings nicht als eine Art Zurücknahme mißverstehen.

Gewiß, von diesem halbwegs fröhlichen Finale her erhält vieles in dem Roman, zumal das Anarchische, einen Stich ins Gemütliche, manches wird unzweifelhaft verharmlost. Aber das kann Böll nicht entgangen sein. Wahrscheinlich wollte er die Abwendung von der Konsumwelt und dem, was er Leistungsgesellschaft nennt, schließlich doch nicht allzu programmatisch verstanden wissen und mit leiser Ironie und mit augenzwinkerndem Schmunzeln relativieren. Jedenfalls hat das Ganze durch diese Mischung aus Verzweiflung und Verschmitztheit, aus harter Anklage und saftigem Spaß, aus Bitterkeit und Vergnüglichkeit nur gewonnen.

Miniaturen, in denen beides zugleich und auf einmal zum Vorschein kommt – Bölls Entsetzen und Bölls Humor – beweisen, daß seine Nachlässigkeit nicht etwa vom Nachlassen seiner epischen Kraft zeugt. Was immer gegen dieses Buch einzuwenden ist, es bietet doch eine nicht geringe Zahl schlechthin großartiger Streiflichter und Impressionen, Nahsichtbilder, Episoden und Reminiszenzen. In einem sachlichen, scheinbar trockenen Bericht eines Russen über die Leiden von Kriegsgefangenen steht eigentlich nichts Neues; gleichwohl wirkt er erschütternd, weil Böll den einzigen hier angemessenen Tonfall getroffen hat. Die Beschreibung der täglichen Arbeit einer Friedhofsgärtnerei während des Krieges und der dort üblichen Praktiken – die Kränze werden wenige Tage nach jeder Beerdigung von den Gräbern geholt, aufgefrischt und wieder verkauft –, ist ein sarkastisches, hintergründiges Prosastück, das mehr erkennen läßt, als die unheimliche Lächerlichkeit der Bestattungskonventionen. Die Erzählung eines alten Mitläufers und Spekulanten, der sich über seine angeblichen Schwierigkeiten im »Dritten Reich« so geschickt wie genüßlich verbreitet, ist urkomisch und legitimiert Böll erneut als menschenfreundlichen Satiriker und geistreichen Psychologen. Und die Schilderung einer Sexualszene im Bombenkeller – vielleicht ist dies der Höhepunkt des ganzen Buches – sagt mehr über die Leiden der Menschen während des Krieges aus als viele Romane.

In diesen und einigen anderen Abschnitten zeigt es sich, daß Böll – ich glaube nicht zu übertreiben – wie kein anderer deutscher Schriftsteller Nuancen und Details, Stimmungen und Redewendungen zu beobachten und zu

58

fixieren weiß, die sofort, gewissermaßen mit schlagender Wirkung, spürbar und anschaulich werden lassen, was man etwas feierlich den Geist der Epoche zu nennen pflegt. Möglicherweise sollten wir uns doch mehr freuen, daß wir einen so großen Erzähler haben, als uns darüber ärgern, daß er bisweilen schwache Bücher schreibt. Wenn ich einmal biblisch kommen darf: Ihm gibt's der Herr, will es scheinen, im Schlafe. Aber er, Heinrich Böll, wollte diesmal mit seinem Pfunde nicht wuchern.

(1971)

Gegen die linken Eiferer

Mit der gerade noch zulässigen Verspätung von fast einem halben Jahr – und dennoch im richtigen Augenblick – hat Heinrich Böll in Stockholm seine Nobelpreis-Rede gehalten. Es ist ein »Versuch über die Vernunft der Poesie«, der sich selber als ein poetisches und zugleich, den clownesken Zügen zum Trotz, als ein sehr vernünftiges Prosastück erweist.

Nur vernünftig? Ich weiß, diese Vokabel steht im Deutschen nicht hoch im Kurs: Sie klingt brav, bieder und hausbacken, ordentlich und glanzlos. Denn Vernunft versteht sich in Deutschland von selbst – und ist wahrscheinlich eben deshalb so selten. Daher gehört es zu den Aufgaben der Schriftsteller, immer wieder an die Vernunft zu appellieren, bisweilen an Elementares zu erinnern und sich, wo nötig, nicht zu scheuen, auch pure Banalitäten auszusprechen.

Dieses Risiko nimmt Bölls skurril-humorvolle und sehr ernste Rede auf sich. Sie ist leger und lässig in der Form und so einfach wie bitter im Inhalt. Böll beschäftigt sich mit der neuen Kunstfeindschaft und sein Ton ist, zumal gegen Ende, alarmierend.

Entrüstet protestiert er gegen die »scheinbar antiimperialistischen Versuche, die Poesie, die Sinnlichkeit der Sprache, ihre Verkörperung und die Vorstellungskraft ... zu denunzieren«, gegen jene also, die sich unentwegt bemühen, »die Poesie auf den Abfallhaufen zu verweisen und alle Formen und Ausdrucksarten der Kunst dazu«. Er wendet sich gegen »die falsche Alternative«, die auf der einen Seite die Information und die Agitation sieht und auf der anderen die Poesie und die Kunst. »Man kann nicht die Kraft der Mitteilung von der Kraft des Ausdrucks, den diese Mitteilung findet, trennen« – das ist, zugegeben, eine sehr triviale Mahnung, die mir jedoch

60

heutzutage und hierzulande keineswegs überflüssig scheint.

»Viel Pfäffisches«, meint Böll, sei in den »neuen Katechismen«, »wo von einzig richtigen und wahrhaft falschen Ausdrucksmöglichkeiten gesprochen wird«. Er halte es für »beinahe selbstmörderisch, wenn wir immer noch und immer wieder die Teilung in engagierte Literatur und die andere überhaupt diskutieren«. Denn zum Widerstand, den die Literatur leisten könnte, gehörten auch »die Sinnlichkeit, die Vorstellungskraft und die Schönheit«, ja, die Schönheit sei ebenso fähig, den Menschen zu befreien wie der mitgeteilte Gedanke.

Vor »der Zerstörung der Poesie« warnt Böll und »vor der Bilderstürmerei eines, wie mir scheint, blinden Eiferertums, das nicht einmal das Badewasser einlaufen läßt, bevor es das Kind ausschüttet«. Aber nicht darum geht es ihm, daß manche, »um einen asketischen Weg der Veränderung zu wählen, auf Kunst und Literatur verzichten«, sondern darum, daß sie allen die Kunst und die Literatur wegnehmen möchten.

Hiermit trifft Böll ein charakteristisches und nicht ungefährliches Phänomen der gegenwärtigen Kultursituation. Reden wir offen, und machen wir uns nichts vor: Die Kunstfeindschaft, die sich hierzulande und in diesen Jahren rasch und auf höchst bedenkliche Weise ausgebreitet hat, kommt leider von links oder, richtiger gesagt, von solchen, die sich, meine ich, zu Unrecht als »Linke« bezeichnen.

Wichtigtuer und Nichtskönner, die sich natürlich fortwährend auf Marx und Lenin berufen, und verwöhnte und gelangweilte Sprößlinge der Wohlstandsgesellschaft, die sich den Kommunismus und womöglich die Weltrevolution als pikante Freizeitbeschäftigung auserwählt haben, als Hobby mit nur geringem Risiko, wollen Kunst und Literatur lediglich dann gelten lassen, wenn sie sogleich und unmittelbar zur angestrebten Weltveränderung beitragen können.

Sie fühlen sich sehr fortschrittlich und überaus rebellisch und ahnen nicht einmal, daß die Hoffnungen, die sie mit einer für den politischen Kampf schnell umfunktionierten Literatur verbinden, weltfremd und übrigens antimarxistisch sind und von einer rührenden Naivität zeugen: Sie repetieren urdeutsche und sehr bürgerliche Romantizismen. Statt der imprägnierten Windjacken von vorgestern mögen sie flotte und fesche Lederjacken tragen; aber das jetzt moderne Kostüm kann über die anachronistische Wandervogel-Mentalität der Pseudorebellen nicht hinwegtäuschen.

Die Folgen sind komisch und traurig zugleich: Während man sich jenseits der Elbe letztlich sehr deutlich von der proletarischen Kunst entfernt und diese nur noch als eine Entwicklungsphase verstehen will, versuchen manche in der Bundesrepublik, die Literatur der Gegenwart auf das Agitpropniveau der späten zwanziger Jahre zurückzuschrauben: Was die Künstler in der DDR fast schon und glücklicherweise überwunden haben, das wird uns hier als zukunftsträchtige Proletkunst und als smarter Klassenkampf mit echt plebejischem Aroma offeriert.

Natürlich hat das schon gewisse Vorteile, denn besonders anzustrengen braucht man sich dabei nicht: Um solche Vokabeln wie »Kapitalismus« oder »Ausbeutung« ranken sich die Sätze wie von selbst. Und man muß ja nicht Hegel kennen, um bei jeder Gelegenheit das Zauberwort »Dialektik« wie einen Joker im Kartenspiel zu gebrauchen. Man muß auch nicht unbedingt Marx oder Engels gelesen haben, um mit den Begriffen »bürgerlich« oder »proletarisch« wie mit einer Peitsche und mit einer Fahne herumzufuchteln.

Aber siehe: Der Klassenkampf ernährt seinen Mann – jedenfalls im bundesrepublikanischen Kulturleben. Wer in diesem Land ein Schriftsteller sein will, doch nicht schreiben kann, der wendet sich geradezu automatisch der Gesellschaftskritik zu. Wer nicht erzählen kann, der erzählt vom Alltag der Arbeiter – das macht sich bezahlt.

62

Wer über die Liebe und die junge Generation so gut wie nichts zu sagen hat, der spricht (ich zitiere einen neuen Buchtitel) von »Klassenliebe« – und wird prompt beachtet und sehr ernst genommen. Und wer vollkommen unfähig ist, der präpariert Collagen und Montagen und erklärt uns, nur in ihnen könne sich die Epoche spiegeln. Nicht Kunst und Literatur seien wichtig, hören wir immer wieder, sondern Dokument und Protokoll. Und so weiter.

Zu diesem Klima der militanten und düsteren Kunstfeindschaft hat einiges jene berühmte ›Kursbuch‹-Nummer beigetragen, in der vor bald fünf Jahren der angebliche Tod der Literatur in bester Laune verkündet wurde. Erfreulich allerdings und sehr charakteristisch, daß der Herausgeber des ›Kursbuch‹, Hans Magnus Enzensberger, seine und seiner Mitarbeiter Thesen und Empfehlungen am wenigsten zu befolgen bereit war: Den von ihm ausgestellten Totenschein munter ignorierend, schrieb er neue Gedichte und keineswegs politische und auch gar nicht üble.

Sollte es etwa so sein, daß derartige Tendenzen Schriftstellern mit Talent – wie eben Enzensberger – in der Regel nichts anhaben können? Das mag schon sein. Aber wer wird es wagen zu behaupten, daß dies auch für Anfänger gilt? Daß sie sich nicht verleiten lassen?

Vor allem: Es geht hierbei in erster Linie gar nicht einmal um Autoren, sondern um jene, die es besser wissen müßten als die fanatischen Bilderstürmer und die dennoch diese dumpfbornierte Politisierung der Literatur, diese unter pseudorevolutionären Vorzeichen stattfindende, doch in Wirklichkeit reaktionäre Kunstfeindschaft mitmachen und sogar organisieren – nämlich die Leiter, Verwalter und Multiplikatoren des Kulturlebens.

Ich meine die beflissenen Dramaturgen und Verlagslektoren, die so oft Literatur mit Ideologie verwechseln, die Rundfunk- und Fernsehredakteure, die auf ihrer krampfhaften Suche nach dem Aktuellen meist nur beim Modischen landen, die hilflosen und verwirrten Feuilleton-chefs, die sich einreden lassen, die Kunst sei endgültig passé, die Kritiker, die jedes Buch und jedes Stück hoch-loben, wenn nur die Worte »Arbeiter« und »Klassen-kampf« häufig genug vorkommen.

Ich meine ferner die für Kultur zuständigen Abtei-lungsleiter und Referenten in den Ministerien und Stadt-verwaltungen. Und ich meine auch und nicht zuletzt die von ihren Studenten eingeschüchterten Professoren der Germanistik, die statt Hölderlin und Novalis nur noch die (leider meist so mäßigen) Poeten von 1848 interpretie-ren und die auf Kafka und Thomas Mann verzichten, um die frühe Periode im Werk von Willi Bredel (der ein wak-kerer Kommunist und ein sehr dürftiger Erzähler war) andächtig zu untersuchen.

Das alles hat dazu geführt, daß wir, die wir immer schon für das Engagement der Dichtung waren und die wir die Gesellschaftskritik in der Literatur für etwas Selbstverständliches hielten und halten, das Wort »Ge-sellschaftskritik« nicht mehr verwenden können, und daß wir uns mit Widerwillen von jenen abwenden müssen, die meist Konjunkturritter sind und jedenfalls im Kultur-leben dieses Landes zur Zeit den größten Lärm machen. *Noch* den größten Lärm machen.

An sie richtet sich Heinrich Bölls warnende Nobel-preis-Rede. Sehr möglich übrigens, daß sie sich als eine Art Abschluß dieser ganzen Phase erweisen wird. Denn zu mir ist – ich will das den Lesern nicht vorenthalten – ein Gerücht gedrungen: Die Zeit der Kunst und der Lite-ratur, heißt es, sei wieder im Kommen. In der Tat gibt es dafür allerlei Anzeichen.

(1973)

64

Er brauchte nur zum Fenster hinauszusehen – sagte Goethe zu Eckermann –, »um in straßenkehrenden Besen und herumlaufenden Kindern die Symbole der sich ewig abnutzenden und immer sich verjüngenden Welt beständig vor Augen zu haben«. Es sei gar nicht notwendig, aus dem Haus zu gehen – meinte Kafka: »Bleib bei deinem Tisch und horche. Horche nicht einmal, warte nur. Warte nicht einmal, sei völlig still und allein. Anbieten wird sich dir die Welt zur Entlarvung, sie kann nicht anders, verzückt wird sie sich vor dir winden.« Daß dies auch heute gilt, ist eine Trivialität, an die man freilich nicht oft genug erinnern kann. Nach wie vor liegen die Themen und Stoffe auf der Straße, und Symbole gibt es überall. Aber es genügt nicht, ein Fenster zu haben. Man muß auch noch sehen und schauen können. Wie eh und je bietet sich die Welt zur Entlarvung an, nach wie vor windet sie sich vor den Augen der deutschen Schriftsteller. Aber sie nehmen sie nicht. Warum?

Viele von ihnen sind sehr gebildet und möglicherweise sehr begabt. Sie reden gern von Gesellschaftskritik; doch die Gesellschaft sehen sie nicht. Sie deklinieren unentwegt jenes Wort »Dialektik«, das schon Tucholsky des ständigen Mißbrauchs wegen für einige Zeit verbieten wollte; aber um die tatsächlich dialektischen Widersprüche in unserem heutigen Leben kümmern sie sich kaum. Sie zitieren Benjamin und reflektieren Lukács und deklamieren Adorno und merken nicht, was sich in Deutschland abspielt.

Primum vivere, deinde philosophari? Nicht wenige unserer Autoren der jüngeren und mittleren Generation glauben, scheint es, an die umgekehrte Reihenfolge: erst philosophieren, dann leben. Indes nimmt ihnen die Theorie die Unmittelbarkeit, sie lähmt ihre Hand, sie verstellt

65

ihnen die Sicht. Vor zwanzig Jahren war der Ruf nach dem *poeta doctus* verständlich und wahrscheinlich nötig. Heute haben wir lauter scheinbare *poetae docti*. Nur ist die Kunst dabei auf der Strecke geblieben. So gibt es immer mehr kluge Bücher über die zeitgenössische Literatur. Und keine Literatur – jedenfalls keine, in der sich ein Echo dessen wiederfinden ließe, was sich in der Bundesrepublik in den letzten Jahren ereignet hat. Die Generation, die 1968 rebellierte, erwies sich, wie bisher, als eine stumme. Und Peter Schneiders Erzählung ›Lenz‹, an die man hier sofort denken muß, ist leider nur jene Ausnahme, die den traurigen Sachverhalt erst recht erkennbar macht.

Auf diesem Hintergrund ist das neue Buch von Heinrich Böll zu sehen, die Erzählung ›Die verlorene Ehre der Katharina Blum oder: Wie Gewalt entstehen und wohin sie führen kann‹. »Der Schlüssel zum Wirklichen« sei für ihn – schrieb einst Böll – »das Aktuelle«. Eine Banalität? Damals, in den fünfziger Jahren, als man in der Bundesrepublik von zeitkritisch-engagierter Literatur meist verächtlich sprach, mutete sein in der Tat schlichtes Bekenntnis geradezu kühn und radikal an. Vor allem aber: Er hat es mit jeder seiner Arbeiten aufs neue bestätigt und beglaubigt.

Auch wenn Bölls Bücher höchst zwiespältige und fragwürdige literarische Produkte waren – und auf welchen seiner Romane treffen diese Attribute nicht zu? –, so bewiesen sie doch einen einzigartigen Blick, ein schlechthin phänomenales Gespür für jene Motive, Situationen und Stimmungen, in denen »das Aktuelle« wie von selbst zum Vorschein kommt und anschaulich wird. Was Böll erzählt, mag besser oder schlechter sein. Aber es traf und trifft die deutsche Gegenwart mitten ins Herz. Das gilt auch für die Geschichte von der ›Verlorenen Ehre der Katharina Blum‹. Im Februar 1974 meldet sich bei der Polizei einer westdeutschen Großstadt eine siebenundzwanzigjährige Frau und gibt zu Protokoll, sie habe vor

66

einigen Stunden in ihrer Wohnung einen Mann getötet. Die Erzählung beantwortet die Frage, was die unbescholtene Katharina Blum dazu gebracht habe, auf ihren Besucher, einen Reporter, zu schießen.

Böll hat von Anfang an gegen die Ungerechtigkeit, die Bosheit und Grausamkeit der Welt die Unschuld, die Reinheit oder ganz einfach die Anständigkeit seiner zentralen Figuren ausgespielt. Und meist wurde seine Anklage am deutlichsten in Liebesgeschichten. Ein uralter Topos feierte hier Urständ. Die Welt ist schlecht, denn sie verhindert das Glück von Romeo und Julia, Hero und Leander, Ferdinand und Luise. Und bei Böll sind es: der Landser Andreas und die Polin Olina (›Der Zug war pünktlich‹), der deutsche Soldat Feinhals und die ungarische Jüdin Ilona (›Wo warst du, Adam?‹), Fred Bogner und seine Frau (›Und sagte kein einziges Wort‹), Hans Schnier und seine Freundin Marie (›Ansichten eines Clowns‹), die Kölnerin Leni Gruyten und der russische Kriegsgefangene Boris (›Gruppenbild mit Dame‹).

Die Konfrontation des leidenden Individuums mit der feindlichen Umwelt und die an dieser Umwelt scheiternde Liebe – beide Motive stehen im Mittelpunkt auch der Erzählung von der ›Verlorenen Ehre der Katharina Blum‹. Aber sie werden hier auf bemerkenswerte Weise abgewandelt. Katharina Blums Vorgänger in Bölls epischem Universum waren meist unglückliche Sonderlinge und verzweifelte Außenseiter, die sich selber gern und ausgiebig bemitleideten. Sie waren immer – im Krieg wie im Frieden – Opfer gesellschaftlicher und historischer Verhältnisse. Katharina Blum ist es keineswegs. Sie wird es erst im Laufe der Handlung. Gewiß, auch sie leidet, aber nicht am »Dritten Reich« oder an der Bundesrepublik oder an der katholischen Welt von Köln und Bonn. Sondern an ihrer Frigidität.

Und während Böll etwa den Architekten Robert Fähmel (›Billard um halbzehn‹) oder den Clown Hans Schnier oder den Ich-Erzähler aus der ›Entfernung von

67

der Truppe‹ reichlich mit Schrullen und wunderlichen Eigenarten versehen hat, ist die Figur der Katharina Blum frei von Schnörkeln und Zutaten. Böll verzichtet endlich auf jenes bisweilen etwas naive Beiwerk, mit dem er viele seiner früheren Geschöpfe unverwechselbar machen wollte – und schafft trotzdem (oder eben deshalb) eine geradlinig-einheitliche, eine glaubhafte und überzeugende Gestalt. Hierzu trägt eine Darstellungsmethode bei, die Böll schon früher – wenn auch damals recht glücklos – versucht hatte. In der vor zehn Jahren erschienenen ›Entfernung von der Truppe‹ wurden von ihm nur einzelne Punkte und Striche geliefert: Es waren die Konturen, die sich die Leser selber ausfüllen sollten. Das Ganze wollte er lediglich als »Malvorlage« verstanden wissen. Auch hier werden nur einzelne (doch glänzend ausgewählte) Informationen, Zitate und Hinweise gegeben, die als Anhaltspunkte dienen und die die Phantasie anregen sollen. Auch das Porträt der Katharina Blum ist eine Malvorlage.

So wird die Geschichte eines Mädchens aus proletarischer Familie erzählt, einer vernünftigen und sachlichen Person, die tüchtig und fleißig und glücklicherweise weder sentimental noch weltfremd ist. Sie hat eine Fachschule absolviert und darf sich eine »staatlich geprüfte Wirtschafterin« nennen. Mit einundzwanzig hat sie geheiratet, sich jedoch schon nach wenigen Monaten scheiden lassen. Der Grund: Ihr Mann wurde »zudringlich«. Seitdem ist sie allein: eine gut verdienende Haushälterin, die sich eine Appartementwohnung und einen Volkswagen leisten kann. Lebt sie in Frieden mit sich selbst? Befragt nach ihren häufigen, ziellosen und stundenlangen Autofahrten, antwortet sie: »Es war wohl auch Angst: Ich kenne so viele alleinstehende Frauen, die sich abends allein vor dem Fernseher betrinken.« Immer wieder wehrt sie die Angebote der Männer ab, und doch sehnt sie sich nach einem Mann. Denn wie sie der Zudringlichkeit überdrüssig ist, so ist sie der Zärtlichkeit bedürftig. Böll deutet unmißverständlich ihre sexuellen Hemmungen an und verstößt den-

68

noch nie gegen jene Diskretion, die manche Autoren sogar gegenüber den Geschöpfen ihrer Einbildungskraft für angebracht halten.

Diskret ist auch die Liebesgeschichte skizziert. Auf einer Fastnachtsparty lernt Katharina einen von der Polizei verfolgten und überwachten Bundeswehrdeserteur kennen, der verschiedener, offenbar aus politischen Gründen begangener Delikte verdächtigt wird. Sie tanzt mit ihm, sie nimmt ihn in ihre Wohnung mit, sie verhilft ihm am nächsten Morgen zur Flucht aus dem bereits umstellten Haus. Der Kriminalkommissar, der den ganzen Fall untersucht, meint, daß es sich hier um ein organisiertes Treffen mit einer Helfershelferin handelte. In der Tat sind seine Vermutungen logisch, gegen seine Indizienkette ist nicht viel einzuwenden. Aber die Rechnung des tüchtigen Beamten geht nicht auf, weil er in seiner Kalkulation einen außerhalb seiner Vorstellungswelt befindlichen Faktor übersieht: die Liebe.

Böll hat gute Gründe gehabt, die erotische Komponente im Porträt seiner Katharina Blum besonders stark zu akzentuieren: Erst die nicht ganz alltägliche psychische Disposition der überaus empfindlichen und labilen, als spröde geltenden, bisher deutlich frustrierten jungen Frau macht ihre Euphorie nach der Nacht mit jenem Deserteur ganz begreiflich. Und erst diese Euphorie erklärt ihr Verhalten angesichts der Pressehetze, die nun mit äußerster Intensität gegen sie in Gang gesetzt wird. Die »Zeitung«, ein skrupelloses Sensationsblatt mit Millionenauflage, attackiert und denunziert die vermeintliche Helfershelferin in täglich erscheinenden Berichten, Kommentaren und Interviews. Das Blatt operiert mit bewußten Entstellungen und Fälschungen, mit perfiden Unterstellungen und Lügen, die vor allem auf einen einzigen Bereich abzielen: auf das Sexualleben der Katharina Blum. Sie wird als »Räuberliebchen« beschimpft, sie habe immer schon »Herrenbesuche« empfangen, im Grunde sei sie eine gewöhnliche Hure.

69

Dieser Verleumdungskampagne ist sie in einem Augenblick ausgesetzt, in dem das Sexuelle für sie – möglicherweise zum ersten Mal – höchste Bedeutung erlangt hat. Und die Kampagne trifft sie doppelt stark, weil sie in einem Milieu lebt, in dem alle die »Zeitung« und nur die »Zeitung« lesen. Zu den Folgen, die sie sofort zu spüren bekommt, gehören Hunderte von anonymen Briefen und Anrufen, von wüsten Beschimpfungen und obszönen Angeboten. Einer derartigen Hexenjagd ist Katharina Blum nicht gewachsen. Sie bricht zusammen. Die Tat, mit der Bölls Erzählung beginnt und endet, beweist dies. Katharina Blums Schüsse auf den Reporter, der sie interviewen und bei dieser Gelegenheit auch mit ihr schlafen wollte, zeugen von ihrer Verzweiflung, von ihrer Hilflosigkeit und Ohnmacht und ganz gewiß nicht, wie schon behauptet wurde, von einem bewußten Protest gegen die bestehende Gesellschaftsordnung. Um es paradox auszudrücken: Sie schießt auf den Vertreter der »Zeitung«, weil sie wehrlos ist.

An die Stelle jener übermächtigen Instanzen, mit denen Böll seine unheroischen Helden in früheren Büchern konfrontiert hat, tritt also jetzt die »Zeitung«. Aber um eine anonyme Instanz, um eine gefährliche, doch nicht definierte Gegenwelt handelt es sich keineswegs. Die Ähnlichkeit der von ihm dargestellten journalistischen Praktiken mit den Praktiken der ›Bild‹-Zeitung seien – heißt es im Vorspruch der Erzählung – »weder beabsichtigt, noch zufällig, sondern unvermeidlich«. Böll hatte ja Anfang 1972 gegen den Artikel der ›Bild‹-Zeitung im Zusammenhang mit der Baader-Meinhof-Gruppe polemisiert und war dann selber Objekt einer außergewöhnlich scharfen Kampagne geworden.

So unzweifelhaft dieser direkte biographische Anlaß, so sehr würde man Böll verkennen, wollte man die Geschichte der Katharina Blum vor allem oder gar ausschließlich als Reaktion auf diese Presse-Attacken verstehen. Zunächst einmal geht es um das Individuum als

70

Opfer der Massenmedien überhaupt, das Extreme (also die »Zeitung«) dient hier zur Verdeutlichung des Exemplarischen. Zum anderen ist Bölls Kritik weniger gegen die ›Bild‹-Zeitung gerichtet als gegen die Gesellschaft, die ein Phänomen wie die ›Bild‹-Zeitung duldet, ermöglicht und offenbar benötigt. Der Schlüsselsatz der Erzählung lautet: Katharina zog »die beiden Ausgaben der ›Zeitung‹ aus der Tasche und fragte, ob der Staat – so drückte sie es aus – nichts tun könne, um sie gegen diesen Schmutz zu schützen ...«

Die zeitkritische Anklage, die Bölls Buch artikuliert, läßt sich also kaum gewichtiger und umfassender vorstellen; und die Geschichte einer jungen Frau, deren Persönlichkeit innerhalb von wenigen Tagen vor den Augen ihrer Bekannten und der Behörden, ja der ganzen Öffentlichkeit zerstört wird, konnte leicht pathetisch oder feierlich geraten. Aber in der Erzählung von der ›Verlorenen Ehre der Katharina Blum‹ wird man Pathos, Feierlichkeit oder Monumentalität nicht finden.

»Uns kommt nur noch die Komödie bei« – schrieb Dürrenmatt vor zwanzig Jahren. Daran mag Böll gedacht haben. Er macht aus der düsteren Geschichte eine Humoreske: Er verfremdet den makabren Stoff mit Heiterkeit, ohne ihn deshalb zu verharmlosen. Er läßt das Ganze von einem Berichterstatter erzählen, dessen gemächliche, schmunzelnde und oft umständliche Diktion immer erkennen läßt, daß er gewohnt ist, sich in der Sprache der Behörden zu äußern (»Man sollte hier nicht vergessen, dem Staatsanwalt Peter Hach Dankbarkeit zu zollen ...«). So ähnelt die Erzählung nicht etwa einem Wutausbruch oder einem Notschrei, wohl aber einem Capriccio mit drohenden Untertönen, einem bitterernsten Scherzo.

Aber ist denn gegen dieses neue Buch gar nichts einzuwenden? Es war nie Bölls Sache, Vollkommenes zu schreiben. Immer schon hat er uns genötigt, mit dem Guten und bisweilen Unvergeßlichen auch Schwaches,

71

Ärgerliches, ja Peinliches hinzunehmen. Nichts einfacher, als gegen die ›Verlorene Ehre der Katharina Blum‹ einen ganzen Katalog von Vorwürfen zu erheben. Denn das Fragwürdige und Mißlungene ist hier, wie so oft bei Böll, geradezu mit den Händen zu greifen. Jeder Oberlehrer wird ihm eine Anzahl stilistischer Nachlässigkeiten ankreiden können, die sich nur zum Teil mit der Person und der Sicht des Ich-Erzählers rechtfertigen lassen. Daß sich aber in diesem Buch auch viele Beispiele der außergewöhnlichen sprachlichen Reizbarkeit Bölls finden – wer kann das Alltagsdeutsch so belauschen und fixieren wie er? –, ist ebenfalls sicher. Gewiß sind neben vorzüglich beobachteten und immer nur mit wenigen Strichen deutlich skizzierten Figuren auch einige, die allzu simpel und chargenhaft geraten sind.

Überdies gibt es neben glänzenden satirischen Akzenten jene Albernheiten und Witzeleien, auf die Böll wohl nie verzichten wird. Und es stimmt, daß er manches zu sehr vereinfacht und vergröbert hat und daß in Wirklichkeit die behandelten Fragen differenzierter und vielschichtiger sind. Übrigens haben diejenigen, die sagen, alles sei komplizierter, immer recht. Die Schönheitsfehler sind unzweifelhaft. Aber sie ändern nichts an der Tatsache, daß Heinrich Böll eine Erzählung geschrieben hat, die den Zeitgenossen bewußt macht, in welcher Welt sie leben. Er hat die deutsche Gegenwart – noch einmal sei es gesagt – mitten ins Herz getroffen.

(1974)

Vom armen H. B.

Ist dies also der Gipfel des Ruhms? Jedenfalls war Heinrich Böll nie erfolgreicher. Seiner Beliebtheit kann offenbar nichts mehr anhaben. Das mag erfreulich sein, es ist aber zugleich beängstigend. Denn seine Popularitätskurve steigt fast automatisch, also unabhängig vom Wert seiner neuen literarischen Arbeiten und vom Charakter seiner öffentlichen Auftritte. Auch kennt sie – ganz anders als bei Grass – keine deutlich wahrnehmbaren Schwankungen. Und anders als Frisch, der sein Publikum vor allem in der Intelligenz hat, findet Böll ein unmittelbares Echo bei nahezu allen Schichten. Er ist ein Volksschriftsteller. Nichts aber zeugt so sehr vom gebrochenen Verhältnis der Deutschen zu ihrer Literatur als die Tatsache, daß hierzulande die Bezeichnung »Volksschriftsteller« als wenig schmeichelhaft empfunden wird. Böll ist nicht der erste, der das erfährt.

Allerdings haben für ihn sogar jene, die ihn verspotten und beschimpfen, insgeheim ein wenig Sympathie. Auch die aggressivsten Zeitungen der Bundesrepublik behandeln ihn nicht wie einen gefährlichen Feind – solche Töne hörte man eher in den Attacken gegen Grass –, sondern wie einen ungebärdigen, aber nicht unbelehrbaren Dickkopf: Manche Gegner sehen in ihm einen leider verlorenen Sohn, dessen Rückkehr in die eigenen Reihen sie für möglich, ja für opportun und wünschenswert halten.

Jene wiederum, die Heinrich Böll lieben, fühlen sich verpflichtet, gelegentlich anzudeuten, daß ihnen ihre herzliche Zuneigung Gewissensbisse bereite: Viele seiner Freunde ziehen es vor, ihn nicht ganz ernst zu nehmen und sich von ihm schulterklopfend zu distanzieren. Die ihn zu bewundern bereit sind, meinen doch, Böll, dessen authentische Leiden immer so schön sichtbar sind, zugleich und in aller Öffentlichkeit bedauern zu müssen.

Das gilt vor allem für die Zeit seit 1972. Denn seit er den Nobelpreis erhalten hat, muß der arme Böll zu allem anderen auch noch die Last des internationalen Ruhms tragen.

So gibt es nicht nur Tausende von Aufsätzen über Böll, sondern bereits über zwanzig Bücher, die sich ausschließlich mit ihm und seinem Werk beschäftigen. Aber mit seiner Leserschaft und mit der Heerschar seiner Interpreten wächst auch die Zahl derer, die seinen Weg und seine Funktion unzufrieden oder skeptisch beobachten. Diesem Prediger mit der Narrenkappe, diesem Moralisten mit clownesken Zügen verübeln die einen das Predigen und das Moralisieren, die anderen das Närrische und das Clowneske. Für die einen ist er noch heute, wie in den stürmischen sechziger Jahren, zu links und zu stürmisch, für die anderen zu wenig links und zu zahm. Die einen halten ihn für provinziell, die anderen für allzu bürgerlich. Den einen geht seine hartnäckig betonte Katholizität auf die Nerven, die anderen ärgert sein bisweilen scheinbar frivoles Verhältnis zur katholischen Kirche.

Man machte es sich zu leicht, wollte man sagen, mit solchen Kategorien sei Böll eben nicht beizukommen. Gewiß, aber hinter diesen und anderen Einwänden und Vorwürfen verbirgt sich, so bedenklich sie im einzelnen sein mögen, ein mittlerweile allgemeines Unbehagen, das klar erkennbare Gründe hat: Vielen, die Böll schätzen, fällt es gleichwohl schwer, ihn in den beiden Rollen zu akzeptieren, die er, ob nun recht oder schlecht, schon seit einiger Zeit spielt – als öffentlicher Ankläger, der seine Landsleute warnt oder zur Ordnung ruft, einerseits und andererseits als der literarische Repräsentant der Bundesrepublik (oder auch Deutschlands) auf der internationalen Szene.

Es wächst der Mensch, meint Schiller, mit seinen größeren Zwecken. Kann man diese (übrigens verzweifelt kühne) Behauptung auch auf Böll beziehen? Oder ist ihm der Mantel, den er trägt, längst zu weit und zu schwer

74

geworden? Der Berechtigung dieser Frage ist sich keiner mehr bewußt als Böll selber. Das zeigt erneut ein mit ihm geführtes, längeres Gespräch, das man in einem Buch mit dem Titel ›Drei Tage im März‹ nachlesen kann. Es ist ein rührendes, ein ärgerliches und auch ein verräterisches Dokument.

Böll redet gleichsam ohne Netz. Er stellt sich nicht nur dem Leser, er liefert sich ihm auch aus. Manches klingt treuherzig, fast leichtsinnig. Bisweilen sei er »relativ gewissenlos«, weil er »nicht so ganz fertige Dinge aus der Hand gebe«. Die Grammatik bereite ihm »immer noch« Schwierigkeiten, gelegentlich müsse er seine Frau zu Rate ziehen. Was er »so manchmal sage«, sei »zum Teil auch ein bißchen töricht überformuliert«. Oft fühle er sich überlastet: »Ich will dann einfach abhauen und denke Götz von Berlichingen.« Dies habe damit zu tun, »daß man Verantwortung aufgebürdet bekommt, sich der aber nicht gewachsen fühlt«.

Also Böll wie eh und je, nur noch lässiger und noch freimütiger. Man kann beruhigt zur Kenntnis nehmen, daß er eine Art Jedermann geblieben ist. Auch der Nobelpreisträger, das ist sicher, kennt keinen Größenwahn, schon eher könnte man ihn verdächtigen, er neige jetzt zum koketten Understatement. Als auffallend bescheiden und menschenfreundlich mag man auch den Stil Bölls empfinden: Wer immer dieses Buch liest, wird des angenehmen Gefühls teilhaftig, er könne sich doch ein bißchen besser ausdrücken als Deutschlands repräsentativer Schriftsteller. In der Tat hat Böll noch nie so schludrig und nachlässig formuliert wie diesmal.

Allerdings handelt es sich hier, könnte man einwenden, um die Niederschrift einer Tonbandaufnahme. Aber wen kann das schon trösten? Längst, scheint mir, ist eine Doktorarbeit fällig zu dem Thema: Über den schädlichen Einfluß des Tonbandgeräts auf das Ansehen der deutschen Schriftsteller. Der junge Christian Linder, der an dem Buch ›Drei Tage im März‹ mitschuldig ist, hat offen-

75

bar den Ehrgeiz, wenn nicht unsere Autoren zu kompromittieren, so jedenfalls diese Doktorarbeit reichlich mit Material zu beliefern.

Auch früher gehörte das methodische und diskursive Denken nicht gerade zu Bölls stärksten Seiten. Immer schon liebte er volkstümlich-joviale Wendungen, die sehr sympathisch, aber oft ungenau waren. Daß sich Böll der Nachlässigkeit und der Oberflächlichkeit seiner Formulierungen mitunter bewußt ist, ergibt nichts, da er doch keine Lust hat, sie zu korrigieren. Die verwaschenen und verschwommenen Argumente erschweren die Diskussion mit dem wichtigsten Teil des Buches, mit jenem nämlich, in dem er von Reminiszenzen und Geständnissen zur Offensive übergeht.

Er klagt die Öffentlichkeit an und erhebt einen sensationellen und in der Tat schwerwiegenden Vorwurf: Sie, die Öffentlichkeit in der Bundesrepublik Deutschland, behandle ihn, den Schriftsteller Heinrich Böll, sehr schlecht. Dies, wahrlich, dürfen wir nicht dulden. Aber stimmt es auch? Er habe, sagte Böll, »ein blödsinniges, irrsinniges Image«. Die Öffentlichkeit mache »einen zu einer moralischen Autorität, die man gar nicht ist, die ich nicht angestrebt habe; gleichzeitig reagiert diese Öffentlichkeit immer gereizt ...«. Er werde in eine Rolle gedrängt, die er nie habe übernehmen wollen: Man verlange von ihm, daß er »das Gewissen der Nation« verkörpere. Gegen seinen Willen mache man aus ihm eine Instanz.

Man kann wohl verstehen, daß Böll mit seinem Image höchst unzufrieden ist. Doch für wen gilt das nicht? Wer immer in der Öffentlichkeit wirkt, muß früher oder später erkennen, daß man sich von seiner Person ein Bild macht, das er als verzerrt und ungerecht empfindet. Diesen Preis und dieses Risiko muß man einkalkulieren. Wer an einem Wettschwimmen teilnimmt, darf sich nicht wundern, daß er naß wird. Fast alle leiden an ihrem Image, vorausgesetzt freilich, daß sie eins haben.

Wenn Böll kurzerhand behauptet, die Öffentlichkeit

76

habe ihn gegen seinen Willen zu einer moralischen Autorität gemacht, dann muß man ihn in aller Freundschaft belehren, daß es noch nie und nirgends einer Öffentlichkeit gelungen ist, einen Schriftsteller zu einer Autorität zu ernennen. Auch sollte Böll nicht so tun, als habe er plötzlich bemerkt, daß er eine ihm unwillkommene Rolle in der Gesellschaft spiele. Er hat ein Vierteljahrhundert lang Bücher geschrieben, Reden gehalten und Interviews erteilt. Er hat sich an Tausenden von Abenden dem Publikum auch in kleinen und kleinsten Städten der Bundesrepublik gestellt, er hat Fragen beantwortet und an Diskussionen teilgenommen. So hat er sich im Laufe der Jahre Autorität (und eben auch moralische) erworben. Eine ganze Generation deutscher (und übrigens nicht nur deutscher) Leser war und ist ihm dafür dankbar. Und sie werden nicht aufhören, ihm dankbar zu bleiben – auch wenn ihm das Ansehen, um das er einst nicht ohne Ausdauer gekämpft hat, nun offenbar lästig geworden ist und er sich seiner wie eines überflüssig gewordenen alten Kleidungsstücks entledigen möchte.

Verwunderlich ist ebenfalls, daß Böll sich über die angeblich immer gereizte Reaktion der Öffentlichkeit beschwert. In Wirklichkeit gibt es keinen Schriftsteller in der Bundesrepublik, den die Öffentlichkeit nachdrücklicher anerkannt und häufiger gefeiert hätte. Daß er mehr als ein Dutzend Literaturpreise erhalten hat, sei nur am Rande vermerkt. Gewiß ist ihm bei manchen Gelegenheiten gereizt und scharf geantwortet worden. Na und? Böll selber ist keineswegs zimperlich und vorsichtig in der Wahl der Worte und Argumente. Nichts ist begreiflicher als der Umstand, daß die Angegriffenen mitunter hart zurückgeschlagen haben. Sollte dies ein Privileg ausschließlich der Schriftsteller sein? Und sollte der Tag kommen, an dem die bundesdeutsche Öffentlichkeit nur noch freundlich auf Bölls Aktivitäten reagieren wird, so wird es ein trauriger Tag sein – für Böll und seine Anhänger.

Wie aber ist es um das berühmte und berüchtigte Gewissen der Nation bestellt? Böll bedauert, »daß relativ unzuverlässige Kräfte wie Schriftsteller, wie Intellektuelle überhaupt an die Stelle moralischer Autoritäten gelangt sind«. Dies habe mit dem Verfall der öffentlichen Meinung und der öffentlichen Kontrolle zu tun. Nun ja. Das mit dem Verfall stimmt schon. Nur: Vor zehn, fünfzehn Jahren drängte sich eine Anzahl linker Schriftsteller zur Öffentlichkeit, zur Politik. Neidvoll verwies man auf das Beispiel Frankreichs, wo die Autoren traditionsgemäß eine ungleich größere Rolle innerhalb der Gesellschaft spielen. Jetzt wollten auch deutsche Schriftsteller endlich die Isolation überwinden, Einfluß ausüben, Mitverantwortung tragen. Sie suchten Anerkennung, wenn auch nicht unbedingt als moralische Autoritäten, so doch jedenfalls als Instanzen des öffentlichen Lebens.

Einer der wenigen, die das verwirklicht haben, ist Heinrich Böll. Neuerdings aber will er davon nichts mehr wissen. Er habe den Wunsch, sich »unsichtbar, mehr noch: unkenntlich zu machen«. Und: »Öffentlichkeit als solche ist mir verhaßt, die widert mich an.« Was soll das? Enttäuschung? Resignation? Rückzug in den Schmollwinkel? Er möchte sich natürlich weiterhin zu Zeitfragen äußern, »aber nicht als vermarktetes Image und nicht als Funktion, sondern als Person«. Dies jedoch, fürchte ich, bedeutet: Er will den Kuchen aufessen und ihn dennoch haben, was bekanntlich, wie die Engländer lehren, nicht möglich ist.

Bölls Begründung für den hier verkündeten, zumindest partiellen Rückzug aus der Öffentlichkeit lautet: »Wie kann ich denn Herrschaft ausüben, wenn ich keine Herrschaftsinstrumente habe.« Er verfüge – sagte er mehrfach – nur über eine Schreibmaschine und ein Telefon. Wer hätte gedacht, daß uns Böll, ohne es zu beabsichtigen, erinnern wird an Stalins berühmte Frage: Wieviel Divisionen hat der Papst? Der sich so bitterlich über seine Hilflosigkeit, seine Ohnmacht beklagt, ist in Wirklich-

78

keit einer der mächtigsten Schriftsteller Deutschlands und Europas. Er hat Autorität und genießt Popularität. Noch die beiläufigste seiner Äußerungen wird von den Agenturen gemeldet. Er kann publizieren, wo er will. Er kann sich jederzeit gefährlicher Waffen bedienen. Er tut aber so, als seien es harmlose Theaterrequisiten. Oder verkennt er tatsächlich seine Lage, unterschätzt er seine Möglichkeiten? Es wäre noch schlimmer.

Im übrigen empfiehlt der von der Öffentlichkeit arg enttäuschte Böll eine »Theologie der Zärtlichkeit«. Mir schien es bisher, daß die Zärtlichkeit der Theologie nicht bedarf, doch bin ich, zugegeben, für letztere nicht zuständig. Aber was soll das überhaupt? Die Theologie ist schließlich eine Wissenschaft. Fordert Böll eine Wissenschaft von der Zärtlichkeit? Damit überschritte er die Kompetenz der Literaturkritik abermals, wenn auch in unerwarteter Richtung. Wahrscheinlich meint er etwas ganz anderes und hat sich nur wieder einmal ungenau ausgedrückt. Es geht ihm offenbar nicht um eine Theologie der Zärtlichkeit, sondern eher um eine Art Erlösung durch Zärtlichkeit. Darunter läßt sich schon einiges vorstellen, was vielleicht ganz hübsch ist. Aber meint Böll wirklich, dies sei der Weg zu einer Gesellschaft, »die Selbstmord verhindern könnte«? Es fällt schwer, hierauf ernsthaft und doch nicht respektlos zu antworten.

Ähnliches gilt leider auch für Bölls neue Erzählung ›Berichte zur Gesinnungslage der Nation‹. Es handelt sich um eine kleine Satire, die, um es gleich zu sagen, mißraten ist. Derartiges kann passieren, nur miserable Schriftsteller, die überhaupt kein Risiko eingehen, scheitern nie. Wäre es also richtig, die Arbeit freundlich zu ignorieren? Unser literarisches Leben macht dies unmöglich.

Aus den etwa dreißig Manuskriptseiten hat der Verlag ein ganzes Taschenbuch produziert. Er hat damit Böll, und sollte er es gewünscht haben, ein Unrecht angetan: Durch diese Publikationsform wird der Erzählung besonderes Gewicht gegeben. Daß die Werbung das kleine

Büchlein in großen Anzeigen als sensationelles Meisterwerk preist, versteht sich und ist jedenfalls weniger ärgerlich als die Reaktion der Kritik: Schätzenswerte Kollegen, die sehr wohl gute Literatur von schlechter zu unterscheiden wissen, haben sich beeilt, diese »Berichte zur Gesinnungslage« teils freudig, teils hymnisch zu begrüßen. Damit wird Böll abermals ein Unrecht angetan: Man sollte sich hüten, seine Arbeit nach einem ermäßigten Tarif zu beurteilen. Es ist der Mildherzigkeit der Kritik nicht bedürftig. Und außerdem: Auch mildherzige Lügen haben kurze Beine.

Die Erzählung besteht aus Berichten von Agenten, die, als Journalisten oder Künstler getarnt, im Auftrag bundesdeutscher Nachrichtendienste verdächtige Personen und Gruppen beobachten sollen. Gesucht werden jedoch nicht etwa Spione ausländischer Mächte, vielmehr geht es um den Radikalenerlaß und seine Folgen. Wie immer man zu diesem Erlaß stehen mag – daß er auch widerliche Gesinnungsschnüffelei verursacht hat, ist kein Geheimnis. Also ein ernstes Thema. Etwa ungeeignet für den Satiriker? Im Gegenteil: Je ernster ein Gegenstand, desto notwendiger (weil vielleicht eine Not wendend) dessen satirische Behandlung.

Niemand sollte Böll vorwerfen, er habe sich nicht hinreichend Gedanken gemacht, wie und warum es zu diesem Erlaß, den auch seine Befürworter für ein *malum necessivum* halten, gekommen ist. Es genügte, daß er die Konsequenzen zeigt und dem Gelächter preisgibt. Aber eben das tut er nicht. Statt der erwarteten und erwünschten Aggressivität bietet er unbedarfte Scherze und biedere Späße. Der betuliche Humor und der schmunzelnde schrullige Ton erinnern an seine ungleich sorgfältiger geschriebene und in jeder Hinsicht bessere Erzählung ›Ende einer Dienstfahrt‹. Die aber hatte einen doppelten Boden, während hier alles auf eine billige Schlußpointe zuläuft, die dem Roman Chestertons ›Der Mann, der Donnerstag war‹ nachempfunden ist: Die Verdächtigen,

80

über die von den Agenten berichtet wird, erweisen sich als Agenten konkurrierender Nachrichtendienste.

Was beunruhigen, irritieren und aufschrecken sollte, wirkt beschaulich und versöhnlich. So rächt es sich, wenn einem Satiriker das Mißgeschick widerfährt, unangemessene Mittel anzuwenden und sich im Ton zu vergreifen. Was Böll anklagen wollte, verharmlost er. Und niemand sollte sich einbilden, diese Satire komme etwa von links. Sie kommt aus Krähwinkel.

Und doch ist Heinrich Böll zu rühmen: Er hat – ähnlich wie vor Jahresfrist mit dem kleinen schlampigen Meisterwerk von der ›Verlorenen Ehre der Katharina Blum‹ – auf ein Thema von höchster Bedeutung hingewiesen. Dies aber ist in einem Lande, dessen Schriftsteller zum großen Teil nicht sehen, was um sie herum geschieht, immerhin eine Leistung. So müssen wir ihm am Ende trotz allem dankbar sein – ihm, dem armen H. B.

(1975)

Lebensgefährlich

Wie immer die Schleyer-Entführung ausgehen wird, sicher ist, daß die Terroristen schon jetzt einen bemerkenswerten Erfolg buchen können. Eine Kampagne ist im Gange, die sich leider nicht gegen die Helfer und Helfershelfer der Terroristen richtet, wohl aber gegen jene, denen sich zwar nichts Konkretes vorwerfen läßt, die man jedoch zumindest als »Sympathisanten« abstempeln und womöglich aburteilen möchte. Es handelt sich um eine Diffamierungskampagne, um Verdächtigungen und auch um handfeste Denunziationen, die vor allem von einigen auflagenstarken Tageszeitungen und Illustrierten verbreitet werden. Attackiert werden wieder einmal vor allem Schriftsteller, was übrigens nicht unbedingt gegen die zeitgenössische deutsche Literatur spricht.

In Gerlingen bei Stuttgart wurde Luise Rinser, die auf einer Veranstaltung der Volkshochschule aus ihren Büchern lesen sollte, wieder ausgeladen, weil die Illustrierte ›Quick‹ gegen sie unter der Schlagzeile »Sympathisanten« eine Art Steckbrief veröffentlicht hat.

Jetzt erfährt man, daß in die Wohnung eines Sohnes von Heinrich Böll vierzig Beamten eines polizeilichen Sonderkommandos eingedrungen sind, um eine Hausdurchsuchung durchzuführen. Der Grund: eine anonyme telefonische Denunziation. Böll freilich sieht den Fall anders. Da sich sein Sohn nie politisch betätigt oder auch nur öffentlich geäußert habe, werde hier, meint Böll, »Sippenhaft praktiziert«. Die Hausdurchsuchung sei das Ergebnis der nun schon seit über drei Wochen gegen ihn geführten intensiven »Denunziations- und Stimmungsmache«.

Natürlich: vor dem Gesetz sind alle gleich, auch der Nobelpreisträger Böll, auch sein Sohn. Dennoch ist nicht von der Hand zu weisen, was Böll in einem dem Bayerischen Rundfunk erteilten Interview gesagt hat: »Ich frage mich: Wenn jemand in München anonym die Polizei anruft und ihr mitteilt, daß ein Sohn von Herrn Strauß Waffen in der Wohnung hat – ob dann vierzig bayerische Polizeibeamte in die Wohnung des Sohnes von Herrn Strauß gehen.«

Das Interview, in dem Böll dies gesagt hat, konnte man allerdings im Bayerischen Rundfunk überhaupt nicht hören. Es wurde zehn Minuten vor Sendebeginn vom Programmdirektor kurzerhand untersagt. Hingegen werden uns immer wieder in einem Teil der Presse und auch gelegentlich im Fernsehen Zitate aus verschiedenen Äußerungen Bölls in den späten sechziger und in den frühen siebziger Jahren offeriert.

Es ist schon wahr, daß man in den unzähligen Interviews und Statements von Böll auch unbedachte Sätze finden kann und gutgemeinte, doch mißverständliche Formulierungen. Er selbst ist der letzte, dies zu bestreiten. Diplomatische Fähigkeiten kann man ihm nicht nachrühmen. Und sollte jemand Böll für den Posten des Außenministers der Bundesrepublik vorschlagen, so wäre ich ebenso dagegen, wie ich kein Bedürfnis habe, einen etwaigen Roman von Genscher zu lesen.

Doch wie immer böswillige Kommentatoren mit Böll-Zitaten spielen und manipulieren mögen – daß er je der Gewalt und dem Terror das Wort geredet hätte, ist absurd. Wie töricht die Verleumdungskampagne gegen Böll ist, läßt sich schon der Tatsache entnehmen, daß man sich bemüht hat, seine in der *F. A. Z.* vom 17. September 1977 publizierte Kurzgeschichte ›Du fährst zu oft nach Heidelberg‹, die übrigens schon im Juni geschrieben wurde, in einen Zusammenhang mit der Schleyer-Entführung zu bringen. Wie man sieht, erfordert die Lektüre von Kurzgeschichten oft ein Verständnis, das man bei manchen unserer lesenden Mitbürger nicht voraussetzen kann.

Nach Luise Rinser und Heinrich Böll soll nun, wie man hört, Grass an die Reihe kommen. Einem Bericht der

83

›Süddeutschen Zeitung‹ zufolge gibt es schon Listen von »Sympathisanten«, mit denen abzurechnen sei. Wenn das so weitergeht, wird jeder ehrenwerte deutsche Schriftsteller, den man nicht als »Sympathisant« bezeichnet, dies geradezu als beleidigend empfinden.

Schon hört man, es hätte hierzulande eine Art McCarthy-Ära begonnen. Der Vergleich der Bundesrepublik der siebziger Jahre mit den Vereinigten Staaten vom Ende der vierziger Jahre ist jedoch leichtsinnig und falsch. Nein, so weit sind wir glücklicherweise noch nicht. Aber es besteht Anlaß genug, gegen Vorfälle und publizistische Aktivitäten zu protestieren, die schon jetzt unzweifelhaft von einem Klima zeugen, in dem Verdächtigungen, Verleumdungen und Spitzeleien rasch gedeihen.

Sehr richtig hat Böll darauf hingewiesen, daß es in diesem Land Kräfte gibt, die aus den wenigen Deutschen, die im Ausland nicht gerade zu den »Häßlichen« zählen, unbedingt »häßliche Inland-Deutsche« machen möchten. In wessen Interesse geschieht dies?

Die gegenwärtige »Stimmungsmache« sei, meint Böll, »lebensgefährlich«. Zu fragen ist: lebensgefährlich für wen? Bestimmt nicht für die Terroristen. Im Gegenteil: Die Diffamierungskampagne gegen liberale Schriftsteller lenkt nur von dem so notwendigen Kampf gegen den Terrorismus ab. Lebensgefährlich ist die Kampagne vielmehr für die Demokratie.

(1977)

84

Mehr als ein Dichter

I

Der Erfolg weckt den Zweifel, der Ruhm provoziert den Widerspruch. Wer Millionen von Lesern in der ganzen Welt hat, der findet auch Hunderte und Tausende von Skeptikern, die nicht nur das Anrecht auf das außergewöhnliche Echo in Frage stellen, sondern die internationale Popularität geradezu als einen Beweis der Fragwürdigkeit verstanden wissen wollten. So ist die Geschichte der deutschen Literatur zugleich auch die Geschichte der Proteste gegen die angebliche oder tatsächliche Überschätzung jener, die als ihre wichtigsten Repräsentanten anerkannt wurden – Goethes also und Schillers, Heines, Rilkes und Hofmannsthals, Gerhart Hauptmanns, Thomas Manns, und Bertolt Brechts. Kein Großer war und ist seines Ansehens sicher, für die Plätze auf den Denkmalssockeln sind Miet- und Pachtverträge nicht erhältlich. Und manch ein Klassiker hat den heftigen, den fast schon traditionellen und obligaten Widerstand gegen seinen Ruhm noch selber miterleben und miterleiden müssen.

Heinrich Böll, dessen zweifaches Jubiläum es jetzt zu feiern gilt – denn er wird am 21. Dezember sechzig Jahre alt und sein schriftstellerischer Weg begann vor genau dreißig Jahren –, wurde beides in hohem Maße zuteil: der Lorbeer und die Dornen, der blendende Ruhm und sein unvermeidbarer und düsterer Schatten. Eine neue Ausgabe, die deutlich bemüht ist, allem Pathos aus dem Wege zu gehen, und die gleichwohl monumental wirkt, macht uns die Dimensionen seines Werks bewußt: In fünf Bänden mit rund 2600 Seiten vereint sie neben den Romanen und dem ›Irischen Tagebuch‹ nicht weniger als 88 Erzählungen. Fünf weitere Bände werden Bölls Schriften zur Literatur und Politik zusammenfassen.

Die Weltauflage seiner Werke beträgt über siebzehn Millionen Exemplare; hiervon entfällt etwa ein Viertel auf Auslandsausgaben. Übersetzungen seiner Prosa gibt es in fünfunddreißig Sprachen, wobei einige indische Dialekte nicht einmal mitgezählt sind. Lang ist auch die Liste der Bücher, die sich ausschließlich mit Böll befassen: Es sind schon fünfundzwanzig Titel. Und die Zahl der ihm verliehenen deutschen und internationalen Literaturpreise hat längst ein Dutzend überstiegen.

Aber geht das mit rechten Dingen zu, hat er dies alles verdient? Ist der Sockel, auf dem er steht, nicht viel zu hoch, ist der Mantel, den er trägt, nicht zu weit und zu schwer? Gebührte ihm mehr als anderen Schriftstellern deutscher Zunge der nach wie vor so begehrte Nobelpreis? Solche Fragen werden oft gestellt und nicht nur hinter vorgehaltener Hand. Ja, es ist, zumal in literarischen Kreisen, seit Jahren üblich, ein Mißverhältnis zwischen Bölls Erfolg und der Qualität seiner Bücher zornig oder herablassend zu beklagen. Doch würde man es sich bestimmt zu leicht machen, wollte man sagen, dieser hartnäckige Zweifel rühre einzig von der Mißgunst der Kollegen und dem Neid der Zukurzgekommenen.

Waren denn die Bedenken der Kritik, die auch gegen seine bekanntesten Romane (›Ansichten eines Clowns‹, 1963; ›Gruppenbild mit Dame‹, 1971) viel einzuwenden hatte, etwa nicht berechtigt? Läßt sich der Stilist Böll mit dem sprachgewaltigen Prosakünstler Günter Grass vergleichen? Können seine psychologischen Porträts neben jenen von Max Frisch bestehen? Gibt es unter seinen Romanen auch nur einen, den man Wolfgang Koeppens Meisterwerk ›Tauben im Gras‹ an die Seite stellen könnte? Hat er je ein Buch geschrieben, dem man die eindringliche, die bohrende Intensität der Prosa Thomas Bernhards nachrühmen könnte?

Sein Ansehen verdanke er, meinen die Gegner Bölls, vor allem seinem moralischen und erzieherischen Einfluß, seiner Rolle und seiner Funktion im öffentlichen

86

Leben der Bundesrepublik. Die derartiges behaupten, verkennen allerdings, daß er diese einzigartige Rolle nur spielen, diese unvergleichliche Funktion nur ausüben kann, weil er ein (vielen Schwächen zum Trotz) einzigartiges und unvergleichliches Werk geschaffen hat. Und es ist nun doch nicht das Werk eines Moralisten, eines Volkserziehers, sondern, in erster Linie, eines Künstlers, eines Dichters.

2

In Bölls frühen Büchern, in der Erzählung ›Der Zug war pünktlich‹ (1949), in dem Geschichtenband ›Wanderer, kommst du nach Spa ...‹ (1950), in dem Roman ›Wo warst du, Adam?‹ (1951), wird das Individuum mit einem Phänomen konfrontiert, dem es sich rettungslos ausgeliefert sieht – mit dem Krieg: »Das ist furchtbar, daß alles so sinnlos ist. Überall werden nur Unschuldige gemordet.«

Aber warum ist alles sinnlos, warum werden die Unschuldigen gemordet? Zu sehr sind Bölls Gestalten mit ihren Leiden beschäftigt, als daß sie bereit oder imstande wären, auf solche Fragen einzugehen. Und der Erzähler Böll hütet sich, den meist sehr engen Horizont seiner damals im Mittelpunkt stehenden Figuren zu überschreiten. Daher erscheint der Krieg in seiner frühen Epik nicht etwa als Folge menschlicher Handlungen, die man untersuchen und kritisieren könnte, vielmehr als etwas Undurchschaubares und Schreckliches, als eine furchtbare Krankheit, deren einzelne Symptome schmerzhaft bekannt, deren Ursachen aber unbegreiflich und geheimnisvoll sind. Der junge Böll zeigt nicht, wie die Menschen den Krieg machen, sondern was der Krieg aus den Menschen macht. Gewiß, die Henker und die Werkzeuge werden nicht ausgespart, indes bleiben sie im Hintergrund. Das Interesse des Erzählers gilt den

87

Leidtragenden der Katastrophe, den Opfern, den kleinen Leuten, die in der Regel wenig verstehen und viel fühlen. Sie erfahren ein ganz alltägliches Kriegsschicksal. Sie handeln nicht, sie leisten auch keinen nennenswerten Widerstand gegen den Terror. Aber sie lassen sich nicht mißbrauchen, sie machen nicht mit. Bei einer keineswegs ungewöhnlichen Mentalität zeichnen sie sich doch durch moralisch einwandfreie Haltung aus.

Wenn sie für schuldig erklärt werden, so höchstens in einem metaphysischen Sinne. Von konkreter und individueller Schuld sind sie hingegen frei. Die ruhige und hartnäckige Verweigerung und die meist nur zwischen den Zeilen und eher beiläufig angedeutete Integrität geben diesen Antihelden nun doch Züge eines natürlich nie angestrebten, eines diskreten und unterspielten Heroismus. Dank seiner Unantastbarkeit und seiner Leiden entpuppt sich Bölls programmatischer Antiheld überraschend als ein Miniheld wider Willen.

So wird hier die generelle Anklage mit dem individuellen Freispruch verbunden und die Empörung gegen das System mit der Entsühnung des kleinen Mannes. Und so hat es Böll vielen seiner Leser, zumal denjenigen, die während des Zweiten Weltkrieges die Uniform der Wehrmacht getragen hatten, leicht gemacht, sich mit seinen zentralen Gestalten zu identifizieren. Das ist auch einer der Gründe seines außergewöhnlichen und auf den ersten Blick verblüffenden Erfolgs.

Freilich wurde dieser Erfolg durch Bölls meist unterschätzte Fähigkeit ermöglicht, sein Lebensgefühl und seine Lebenserfahrung, seine Weltsicht ins Epische, ja ins Visuelle umzusetzen. Er hat einen geradezu phänomenalen Blick für Bilder und Motive, Situationen und Konstellationen, die das, worauf er aus ist, mit schlagender Wirkung anschaulich werden lassen: Was er zu sagen hat, zeigt er, was er mitteilt, kann man sehen. Und was man sieht, weist über sich hinaus und läßt im Individuellen das Allgemeine erkennen, den gesellschaftlichen oder zeitge-

88

schichtlichen Hintergrund, den Geist der Epoche. Seine Geschichten sind Parabeln.

In dem Titelstück des Bandes ›Wanderer, kommst du nach Spa ...‹ liegt ein junger Soldat, der noch nicht weiß, wie schwer er verletzt wurde, auf einem Operationstisch: »Ich wollte mich aufrichten, aber ich konnte es nicht: ich blickte an mir herab, und nun sah ich es: sie hatten mich ausgewickelt, und ich hatte keine Arme mehr, auch kein rechtes Bein mehr, und ich fiel ganz plötzlich nach hinten, weil ich mich nicht aufstützen konnte; ich schrie.« Dieser verwundete Soldat ist eine reale Person und doch zugleich ein Symbol. Wofür steht es? Für die Unmenschlichkeit des Krieges? Für die Hilflosigkeit der Opfer? Für die Ohnmacht der jungen, der geschlagenen Generation? Oder gar für Deutschland im Jahre 1945? Wie auch immer: Hier wird im Extremen das Exemplarische deutlich.

In den Romanen und Geschichten, die in der Nachkriegszeit spielen, konfrontiert Böll abermals das leidende Individuum mit einer zwar gänzlich veränderten, doch immer noch kalten und feindlichen Umwelt: Sein Blick bleibt auf die Erniedrigten und Beleidigten gerichtet, auf die getretene und getriebene Kreatur. Und immer wieder wird die Situation seiner herumirrenden Helden in gleichnishaften Szenen erkennbar, die so einfach wie sinnfällig sind. So erzählt Böll in der Geschichte ›Der Mann mit den Messern‹ von einem hungernden Mann, der seinen Platz in der Welt nach 1945 nicht finden kann und sich in seiner Verzweiflung als Statist zu einem lebensgefährlichen Varieté-Auftritt hergibt: »Ich war der Mensch, auf den man mit Messern warf ...«. So ist in dem Roman ›Und sagte kein einziges Wort‹ (1953) die Zerrüttung einer Ehe gleichsam symptomatisch für die Zerstörung menschlicher Beziehungen vor dem Hintergrund jener Zustände kurz nach der Währungsreform, die Böll mit Hilfe sichtbarer Kontrastmotive skizziert: Ruinen und Neubauten, kümmerliche Untermieter-Zimmer und riesige Luxuswohnungen verweisen auf das Nebeneinander von Nachkriegselend und beginnender Prosperität.

Auch andere Schriftsteller haben die Fragwürdigkeit und die Hohlheit des hektischen Kulturbetriebs in der Bundesrepublik der späten fünfziger Jahre attackiert. Aber nur Böll vermochte seine Kritik in einer hintergründig-humorvollen Parabel auszudrücken: In der Satire ›Doktor Murkes gesammeltes Schweigen‹ (1958) wird aus der Tonbandaufnahme eines Rundfunkvortrags die in ihm oft vorkommende Vokabel »Gott« auf Wunsch des Autors ausgeschnitten und durch eine andere Wendung ersetzt, doch lassen sich die Bandstücke sofort wieder verwenden – in einem modernen Hörspiel schafft das Wort »Gott«, eingeblendet an Stellen feierlicher Stille, die erwünschte Abwechslung.

Wie der Krieg erscheint in Bölls Welttheater auch die Nachkriegszeit als ein Fatum, dem der Mensch nicht entgehen kann. Am Ende der ›Ansichten eines Clowns‹ bricht Hans Schnier zusammen: Er sitzt bettelnd auf der Treppe des Bahnhofs von Bonn. Was läßt dieser Zusammenbruch erkennen? Die Ohnmacht eines einzelnen, der sich verdrängt fühlt und seiner Umwelt nicht mehr gewachsen ist? Oder vielleicht die Ohnmacht der Kunst, die ihre Aufgabe nicht mehr erfüllen kann?

Mit den ›Ansichten eines Clowns‹ war Böll zum Leitmotiv seiner Epik zurückgekehrt: dem Scheitern der Liebe an der Bosheit und Grausamkeit der Verhältnisse. Der Krieg war es, der einst das Glück des deutschen Soldaten Feinhals und der ungarischen Jüdin Ilona (›Wo warst du, Adam?‹) oder der Kölnerin Leni und des russischen Kriegsgefangenen Boris (›Gruppenbild mit Dame‹) verhindert hatte – und so zerstört auch der katholische Klüngel von Köln und Bonn die Liebe von Hans Schnier und Marie, so ruiniert ein skrupelloses Sensationsblatt die Existenz des Mädchens Katharina Blum.

Die Erzählung ›Die Verlorene Ehre der Katharina Blum‹ (1974) bietet eine neue Variante der Grundsitua-

90

tion in der Epik Bölls: Gegen die Ungerechtigkeit und Mißgunst der Welt wird die Unschuld und Reinheit eines einzelnen ausgespielt. Doch an die Stelle jener anonymen und undurchschaubaren Mächte, denen Bölls Helden unterliegen mußten, tritt jetzt eine genau bezeichnete Instanz: die ›Bild‹-Zeitung. Das Individuum als Opfer der Massenblätter und somit auch als Opfer der Gesellschaft, die solche Blätter duldet – unzählige Male hat man sich mit dieser Frage befaßt. Aber erst Heinrich Böll hat Bilder, Motive und Figuren gefunden, die die epische Formulierung des heiklen Themas ermöglichten.

3

Sein Werk ist voll von Widersprüchen. Aber es lebt nicht trotz, sondern dank ihrer Existenz. Und widerspruchsvoll ist seine Person, die sich so gar nicht mit dem traditionellen Bild vom bedeutenden deutschen Schriftsteller in Einklang bringen läßt.

Wie kein anderer unter den Schreibenden verkörpert er in unserer Epoche das deutsche Schuldbewußtsein. Doch was die Welt für deutsch zu halten gewohnt ist – das Gründliche, Feierliche und Schwerfällige, Pathos und Monumentalität –, verweigert er ihr. Der Trauermarsch mit gedämpftem Trommelwirbel war seine Sache nie. Er ist und bleibt vor allem ein Humorist. Er verbindet Bitterkeit mit Verschmitztheit, Gewissenserforschung mit Charme, Verzweiflung mit Vergnüglichkeit, harte Anklage mit saftigem Spaß. Ein Prediger ist er, aber mit clownesken Zügen, ein Narr mit priesterlicher Würde.

Thomas Manns Kategorien – »Ich bin weit eher zum Repräsentanten geboren als zum Märtyrer« – sind auf Böll schwerlich anwendbar. Seine rheinische Daseinsbejahung macht ihn ebenso zum Märtyrer ungeeignet, wie sein ungezwungener und direkter, wenn auch nie nonchalanter Habitus schwerlich an Repräsentation denken läßt. Indes ist er weder dem einen noch dem anderen entgangen. Eher ein Schalk als ein Märtyrer, wurde er gleichwohl zur Zielscheibe unzähliger Attacken, zum Winkelried der deutschen Literatur dieser Jahre. Eher ein stiller Beobachter und schmunzelnder Zeitkritiker, sah er sich gleichsam über Nacht in der Rolle des Repräsentanten. Und ohne daß er es wollte, war er eines Tages ein Praeceptor Germaniae. Freilich, einen solchen Lehrmeister hatte Deutschland noch nie.

Denn Böll ist ein Anarchist – und er denkt nicht daran, dies zu verheimlichen. Weder Kunst noch Schriftstellerei sei auf dieser Welt möglich, meint Böll, »ohne mindestens eine Beimischung von Anarchie«. Und er fügt hinzu: »Diese Beimischung habe ich natürlich.« Ihm schwebe, bekennt er freimütig in einem Interview, »eine anarchische Gesellschaft« vor. Tatsächlich richtet sich seine Kritik gegen jede Form der institutionalisierten Machtausübung, gegen Staat und Militär, gegen Kirche und Schule. Indes ist es noch nicht lange her – es war 1974 –, daß Böll nachdrücklich erklärt hat, was seine Gegner meist ignorieren: »Ich bin eben nicht nur Anarchist, ich bin auch Staatsbürger. Ich bin bewußter und überzeugter Bürger der Bundesrepublik Deutschland.«

Mit diesem Hang zum Anarchischen und mit Bölls offizieller Rolle haben auch jene vielen Gegensätze und Widersprüche zu tun, die für seine Situation so charakteristisch sind. Er mißtraut dem Erfolg – und gehört zu den Erfolgreichsten. Er rebelliert gegen Institutionen – und ist längst selber eine Institution. Er verachtet die Macht – und übt selber, auch wenn ihm davor graut, Macht aus. Aber Böll ist ein Mächtiger, der, so paradox dies auch klingen mag, seine Ohnmacht nicht tarnt: Seine Stärke besteht nicht zuletzt darin, daß er seine Schwäche zugibt und sich ihrer nicht schämt. Er fühle sich – so in einem Gespräch von 1975 – der ihm in den letzten Jahren aufgebürdeten Verantwortung nicht gewachsen, was er manchmal sage, sei »ein bißchen töricht überformuliert«.

Er verteidigt die Verirrten – und kann sich dabei selber verirren. Er weigert sich, als »etablierter Aufpasser« zu fungieren. Doch wo er Verfolgung wittert, da ist er zur Stelle; und er verwaltet dieses Amt so leidenschaftlich, daß er, seine Gegner provozierend, bisweilen selber zu einem Verfolgten wird. Er macht Fehler, er gibt sich Blößen. Er ist oft unsicher und hilflos wie die Helden vieler seiner Romane und Erzählungen. Und so können sich Millionen seiner Leser nicht nur mit seinen Gestalten identifizieren, sondern auch mit ihm selber: Ein weltberühmter Autor und trotzdem immer noch ein Bruder der kleinen Leute, einer von ihnen, ein Jedermann.

4

Ohne ein Amt zu haben, repräsentiert Böll die deutschen Schriftsteller der Gegenwart. Ohne daß er es wollte, verkörpert er heute die deutsche Literatur und mehr als die Literatur. Ein Dichter ist er und mehr noch als ein Dichter. Böll spricht – schrieb unlängst Peter Demetz – »gegen alle Tyrannei der Welt, der erste Deutsche nach Thomas Mann, der das tun darf«.

In seiner Heimat freilich wird er nicht nur geschätzt und geliebt, sondern auch häufig verdächtigt und bösartig attackiert. Doch wer Heinrich Böll denunziert, denunziert die deutsche Literatur unserer Zeit und damit das Land, in dem sie entsteht. Was könnte man Besseres über einen Schriftsteller dieser Jahre sagen?

(1977)

Nein, nichts kann meine Verehrung für Heinrich Böll erschüttern. Nicht einmal der Roman ›Fürsorgliche Belagerung‹. Es ist, um es gleich zu sagen, ein schwaches und fragwürdiges, streckenweise ein geradezu fatales Buch. Mein Gott, was habe ich in diesen Tagen durchgemacht, was habe ich gelitten! Zweimal mußte ich das Ganze lesen, und eine ehrenamtliche Lektorin, die unseren Kölner Klassiker ebenfalls und noch inniger liebt, stand mir während der schwierigen Wanderung durch das Labyrinth seiner neuen Prosa wacker und geduldig zur Seite. Jetzt bin ich einigermaßen unterrichtet und zur Auseinandersetzung gerüstet.

Also: Ich weiß, daß Rolf mit Katharina zusammenlebt, ohne mit ihr verheiratet zu sein, und daß Hubert mit Helga verheiratet ist, ohne mit ihr zu schlafen. Ich weiß auch, daß Kit weder ein Hund noch ein Knabe ist, sondern ein Mädchen. Ich kann Holger I von Holger II unterscheiden, ich weiß, daß die beiden Halbbrüder sind und mit dem Grafen Holger Tolm, der »irgendwo in Südspanien mit Weibern und Chips sich vergnügt«, nichts gemein haben, vielmehr ihren Vornamen einem deutschen Terroristen verdanken. Ich habe auch begriffen, welche Bewandtnis es mit den mysteriös erwähnten »Neigungen« Kortschedes hat: Übrigens dachte ich, es sei etwas Originelles und war dann bitter enttäuscht, als sich herausstellte, daß der Kerl ganz einfach homosexuell ist.

Nun gut, aber wer ist Pottsieker, wer Herbtholer, wer Kutschheber und wer Stabski? Da kommt auch meine Mitarbeiterin ins Schwimmen. Kliehm, erfahren wir immerhin, sei ein »Zummerling-Mann«, was mir allerdings nicht weiterhilft, weil ich keine Ahnung habe, wer und was Zummerling ist, ja bis Seite 151 nicht einmal sicher

94

war, ob es sich hier um einen Menschen handelt oder um eine Firma oder um etwas ganz anderes.

So gibt es auf nahezu jeder der über vierhundert Seiten dieses Romans einen neuen Namen – und während ich zwischen Ratlosigkeit und Verwirrung schwanke, sagt mir mein innerer Schweinehund: Gib es auf! Dabei hätte Böll uns allen das Leben erleichtern können und dies, ohne etwa seiner künstlerischen Eigenart Gewalt anzutun: Es wäre schon einiges gewonnen, wenn er seinen Verlag beauftragt hätte, dem Roman eine Broschüre mit dem Titel »Who is who in Bölls ›Fürsorgliche Belagerung‹« beizufügen. Hier wären alle auftretenden oder erwähnten Personen in alphabetischer Reihenfolge zu finden und natürlich mit den notwendigsten Angaben und Auskünften. Alles ließe sich dann besser verstehen, und wir schuldeten Böll Dank für ein Entgegenkommen.

Doch er, der große Dichter des Mitleids, kennt mit den Lesern neuerdings kein Erbarmen. Wenn er ein Kapitel einer seiner Figuren widmet – es gibt insgesamt 21 Kapitel –, so spricht er zunächst nur von einem »Er« oder von einer »Sie«. Zum Teufel, wer ist hier gemeint? Meist kann man erst nach einigen Seiten eines Kapitels ganz sicher sein – und muß sie dann noch einmal lesen. Freilich könnte man jeweils im ersten oder zweiten Satz statt »Er« beispielsweise »Rolf« sagen oder statt »Sie« »Sabine« – und manche Ungewißheit wäre uns erspart geblieben. »Wenn man dem Menschen gleich und immer sagt«, heißt es bei Goethe, »worauf alles ankommt, so denkt er, es sei nichts dahinter.« Wer weiß, vielleicht hat Böll Goethes Hohn für bare Münze genommen?

Aber hat er es denn unterlassen, seine Personen irgendwie kenntlich zu machen oder gar mit individuellen Eigenschaften zu versehen? Doch, bisweilen hat er es zumindest versucht, ohne sich freilich sonderlicher geistiger oder stilistischer Mühen zu unterziehen. Erna Breuer ist »eine nette, eine liebe, so eine hübsche Frau«, Amplanger ist »nett, gebildet, geschickt«, Plotzkehler ist »ein netter

95

und energischer Lehrer«, Karl ist »ein sehr, sehr netter Kerl«, Claudia ist »ein nettes Mädchen«, Roickler ist »ein netter Pfarrer«, Sabine Fischer ist »eine nette Frau«, Holger I ist »ein netter Junge«, Peter ist »ein so netter Junge«, der junge Zummerling ist »richtig nett«, die Köhlers sind »nette, einfache Leute«; und »nett« sind auch die Bangors: »Sie netter als er.« Das nenn' ich mir eine nette Prosa.

Nein, so dürftig und armselig ist die deutsche Sprache nicht, wie uns dies Böll glauben machen möchte. Schlicht sind auch die literarischen Mittel, mit denen er die Beziehungen zwischen den Figuren verdeutlicht. Sabine hat Kummer mit ihrem Gatten: Der junge und erfolgreiche Unternehmer ist ein fescher, ein »sportgestählter« Mann, aber mit seiner Potenz ist es nicht weit her, und er neigt gerade im Bett, was für die zarte Sabine noch schlimmer sein soll, zu dummen Witzen. Ein klarer Fall: Ersatz ist dringend nötig.

Indes wird Sabine als Tochter des möglicherweise von Terroristen bedrohten, mächtigen Zeitungsverlegers Fritz Tolm streng bewacht: Die Polizei verliert sie Tag und Nacht nicht aus dem Auge. Trotzdem findet Böll eine glückliche Lösung: Hubert, einem ihrer ständigen Bewacher, kann man Potenzschwierigkeiten nicht nachsagen, wovon sich Sabine mehrfach, wenn auch in großer Eile und nur »zwischen Tür und Angel« überzeugt. Er, der »vorher so nett, so still, so zärtlich war und nachher so ernst und ruhig«, bewährt sich hier, wie ein guter Polizist es sollte: als Freund und Helfer.

Wie man sieht, hat sich Bölls Verhältnis zu den Sicherheitsorganen unseres Staates auf erfreuliche Weise gewandelt. Übrigens verliebt sich Sabine in ihren zuvorkommenden Bewacher. Wie sagt uns dies Böll? »Wenn Hubert nur nicht so ernst wäre – und sie mochte ihn doch so ernst wie er war, sehnte sich nach ihm, schmachtete regelrecht nach ihm ...«

Über Sexuelles äußert sich Böll jetzt präziser als früher,

96

die einstige Schamhaftigkeit ist überwunden, was zur Folge hat, daß der etwas betuliche Ton noch stärker auffällt: »Er kam mit einem Seufzer in sie, sie in ihn, freudig gab sie sich ihm anheim und spürte, während er sie küßte, daß sie ihn auswendig kannte: seinen Geruch, seine Rasur, die Zähne, die ernsten, hellen Augen, den Haaransatz, und ließ es nicht nur geschehen, nickte, obwohl er ihren Mund mit seinem festhielt, Einverständnis ...«

Es kommt noch schlimmer. Denn über Helga, Huberts Frau, die angesichts dieser Beziehung leer ausgeht, lesen wir: »Sie hatte ja nun mal ein Geschlecht, weiblich, schämte sich dessen nicht, freute sich seiner und hatte sich auch Huberts erfreut, er ihrer, wie sie wußte... gern war sie von ihm erfüllt worden, hatte ihm Erfüllung gegeben ...« Wenn Böll uns mitteilen möchte, Hubert habe dereinst mit Helga ins Bett gehen wollen, bevor sie den Segen der Kirche hatten, heißt es, er habe »auch schon vor der Hochzeit auf Erfüllung bestanden«. Und wie drückt Böll aus, daß ein Mann mit seiner Frau nicht mehr schlafen kann? Er »fand nicht mehr den Zugang, nicht Eingang zu ihr«. Dergleichen läßt an Deutlichkeit nichts, an literarischem Ausdruck alles zu wünschen übrig. Ich gebe zu: Diese Sprache verschlägt mir die meine. Und ich frage mich: Wer außer Böll könnte es sich hierzulande leisten, so schlecht zu schreiben?

Denn es geht doch um einen Schriftsteller, dem wir, man kann es nicht oft genug wiederholen, Außerordentliches zu verdanken haben und der in einigen Kapiteln auch dieses unsäglichen Romans beweist, welch untrüglichen Blick er für aktuelle Themen und Motive hat und wie scharf und genau er Lebensstil und Stimmung in gewissen Kreisen dieses Landes spürt, kennt und anschaulich vergegenwärtigen kann.

Es sei dahingestellt, ob es sehr geschmackvoll ist, die Sicherheitsmaßnahmen in einer vom Terrorismus bedrohten Gesellschaft – wir schreiben das Jahr 1977! – zu verhöhnen. Aber es läßt sich nicht bestreiten, daß hier einige satirische Akzente witzig und zutreffend zugleich sind. Und wenn gar der erwähnte Zeitungsverleger Tolm sich an seine ärmliche Kindheit erinnert, an Jugenderlebnisse, an Krieg und Notzeit – da ist Böll in seinem Element, da finden sich in dem Roman schöne, elegische und bisweilen auch ergreifende Passagen.

Dieser Tolm hat aus einer geerbten Druckerei und dank einer britischen Lizenz für eine kleine Tageszeitung im Laufe der Jahre einen riesigen Pressekonzern gemacht; jetzt wurde der steinreiche Mann, der in einem Schloß wohnt, noch zum »Verbandspräsidenten« gewählt: Er ist auf dem Gipfel seiner Karriere, er landet »ganz oben, wo es keine Ruhe, keine Rast, keine Entspannung, kein Privatleben mehr für ihn geben sollte; da sollte er nun zu Tode gehetzt, zu Tode geschützt, sollte er aufs äußerste exponiert werden«.

Obwohl ein Kapitalist, wird doch Tolm von Böll mit Sympathie, ja mit Liebe gezeichnet. Allerdings ist es ein Kapitalist besonderer Art: ein alter und gebrechlicher Mann, dem das Gehen schwerfällt, der sich ohne Hilfe seines Dieners nicht recht an- oder ausziehen kann und der befürchtet, er werde demnächst auf einen Rollstuhl angewiesen sein. Am liebsten hätte er – lesen wir – »den Rest seines Lebens damit verbracht, den Vogelflug zu beobachten, Tee zu trinken, Käthe beim Stricken zuzusehen ...«

Von Tolm heißt es, daß er zwar »im Bau saß, den Bau besaß, aber weder vom Bau war, noch etwas vom Bau verstand«, und daß er »nie ganz begriffen hatte, was Journalismus war«. Wenn man bedenkt, daß er sich schon 32 Jahre als Zeitungsverleger betätigt, darf man vermuten, daß es um seine Intelligenz nicht gut bestellt ist. In der Tat läßt Böll seinen Helden zwar viel reden, doch keinen einzigen intelligenten oder einigermaßen originellen Gedanken aussprechen.

Kann man sich vorstellen, daß es einem solchen Mann gelungen ist, eine außerordentliche Karriere zu machen und ein »Lizenz-Napoleon ohne Armee« zu werden? Ja, man kann es sich vorstellen, nur muß er dann über andere hervorragende Fähigkeiten verfügen, er muß wohl ein glänzender Organisator sein, ein tüchtiger Kaufmann, ein harter und raffinierter Unternehmer. Indes ist auch davon bei Bölls wehleidig meditierendem Tolm nichts zu merken. Wenn er weder etwas von Zeitungen versteht noch vom Geschäft, wie hat er seine Millionen verdient? Eine kleine Erbschaft sowie eine britische Lizenz – und der Rest lief wie von selbst? Wer ist hier weltfremd – Tolm, Böll oder beide?

Je tiefer im Wald, desto dunkler wird es. Es zeigt sich, daß Tolm ein Kapitalist wider Willen ist und daß er verachtet, was er produziert: Die Zeitungen seines Konzerns nennt er »Scheißblättchen«. Mehr noch, dieser Großkapitalist hat die Unverfrorenheit, sich voll Selbstmitleid als Opfer des Kapitalismus zu verstehen: »Mir ist es nicht gelungen, das System zu täuschen, das System hat mich getäuscht.«

So unterschiedliche Personen Böll in der ›Fürsorglichen Belagerung‹ vereint, so haben sie doch ein gemeinsames Schicksal: Sie sind allesamt, wenn sich ihre Konturen nur wahrnehmen lassen, als Opfer erkennbar – Opfer der modernen Gesellschaft oder des Kapitalismus oder ganz einfach der Bundesrepublik Deutschland. Das gilt auch für den Generaldirektor Bleibl, den Typ des bösen und brutalen Kapitalisten, den Böll als Kontrastfigur zu dem eher edlen Tolm gebraucht hat.

Dieser Bleibl ist ein alter Nazi – und wieder läuft alles wie am Schnürchen: Er schließt sich schon früh der SA an, macht als Kriegsgewinnler Geschäfte mit Kleidungsstücken von Erschossenen und Erhängten, beteiligt sich bei Kriegsende an einem Überfall auf eine Reichsbankfiliale und erschießt in deren Keller eine Frau, ein Tatbestand, der nie aufgedeckt wird. Er hat also die sprichwörtliche Leiche im Keller, weshalb seinem Aufstieg in der verrotteten bundesdeutschen Gesellschaft natürlich nichts im Wege steht.

Böll hat in einem Interview die Geschichte Bleibls selbstkritisch als »reine Kolportage« bezeichnet. Dem kann man nicht widersprechen. Nur: Wenn ein Autor es sich leicht und bequem gemacht hat und dann öffentlich und freimütig erklärt, er habe es sich eben leicht und bequem gemacht, so mag das von Einsicht oder von Zynismus zeugen, aber auf jeden Fall wird die Sache dadurch nicht besser.

Auch die Terroristen sehen wir in diesem Roman als bedauernswerte Opfer einer unmenschlichen Gesellschaft. Böll hat nie verheimlicht, daß er der institutionalisierten Machtausübung in jeder Form mißtraut und daß ihm »eine anarchische Gesellschaft« vorschwebt. Man sollte sich also nicht wundern, daß er stets um Verständnis für jene bemüht ist und wirbt, die aus der Gesellschaft ausbrechen und sich gegen sie stellen.

Den alten Tolm läßt er über die Terroristen meditieren: »Was ihm Angst machte: diese überirdische Fremdheit in ihren Gedanken und Werken. Kälte wars nicht – Fremdheit, aus der heraus natürlich einer schießen oder Granaten werfen konnte ...« An einer anderen Stelle erfahren wir, daß Tolms Sohn Rolf, der wegen terroristischer Aktivitäten eine Gefängnisstrafe verbüßen mußte, »nur ein paar Autos angezündet (hat), in denen garantiert keiner drin saß«.

Unsinnig wäre es, wollte man Tolm mit Böll verwechseln. Dennoch ist wohl die Frage erlaubt, ob Fremdheit zwischen den Generationen als hinreichende Erklärung dafür gelten kann, daß die Einen auf die Anderen schießen oder Granaten werfen. Und ist das Anzünden von »nur ein paar Autos« ein Schabernack, den man jüngeren und gewiß »sehr netten« Menschen nicht verübeln sollte?

Was wollen eigentlich diese Terroristen in Bölls Roman? Rolf, der mittlerweile Gewalt ablehnt, sagt einmal knapp: »Wir haben nichts zu verbergen, nicht einmal unsere Gedanken.« Da wir über die Gedanken Rolfs und seinesgleichen leider nicht informiert werden, drängt der Verdacht sich auf, daß sie keine haben.

Und wogegen kämpft der Terrorist Heinrich Bewerloh, der sich in den Nahen Osten abgesetzt hat? Gegen »diese Hydra mit vielen Köpfen«, die er, gleichsam ein neuer Herakles, abzuschlagen gedenkt. Was heißt das, was symbolisiert also die gefährliche Schlange? Die Antwort lautet: »Das war mit dem Wort Kapitalismus nicht mehr gedeckt, war mehr, mythisch.« Wohin Affekte und Irrationalismen und eben »mythische« Beweggründe – ob sie nun von rechts stammen oder von links – führen können, das haben wir zur Genüge erlebt. Um Mißverständnissen vorzubeugen: Böll war und ist ein Gegner jeglicher Gewaltanwendung. Daran hat sich nichts geändert. Indes: »Schrecklich ist die Verführung zur Güte« – heißt es bei Brecht.

Die letzten Seiten des Romans haben uns noch allerlei zu bieten. Eine Beerdigung mit großem Polizeischutz wird geschildert, eine Terroristin kapituliert, Tolms Schloß, angezündet von seinem siebenjährigen Enkel, brennt lichterloh, und Helga rät ihrem Mann, dem menschenfreundlichen Bewacher Hubert, mit der von ihm zärtlich bewachten Freundin Sabine das Weite zu suchen. Diese junge Frau sagt ihrem Mann: »Sie ist doch in dir, und du bist in ihr …« So wird also in der Bundesrepublik Deutschland im Jahre 1977 geredet.

Die eigentliche Pointe findet sich in einem Gespräch des Böllschen Philemon- und Baucis-Paars. Schon auf Seite 352 hatte der alte Tolm seiner Gattin zugeflüstert: »Das war süß mit dir unterm Regenschirm. Fast wie ein verbotenes Rendezvous.« Und die sechzigjährige Dame hatte schäkernd geantwortet: »Wars ja auch.«

Aber uns wird noch mehr zugemutet. Auf der vorletzten Seite des Romans gibt es folgenden Dialog zwischen Tolm und seiner Frau: »Käthe, ich muß dir etwas sagen.« »Ja?« »Du weißt, daß ich dich immer geliebt habe. Und noch etwas mußt du wissen.« »Ja, und was?« »Daß ein

Sozialismus kommen muß, siegen muß ...« Das ist immerhin eine Überraschung. Denn in dem Roman war nie die Rede vom Sozialismus, vielmehr bekundete Tolm seine feste Bindung an den Katholizismus sowie seine undeutliche und herzliche Sympathie für die Terroristen. So kann der Eindruck entstehen, daß für Tolm der Sozialismus eine Art Synthese aus katholischem Gemüt und terroristischer Energie ist. Dieser nette Kapitalist scheint mir vor allem ein sentimentaler Wirrkopf zu sein und ein Trottel überdies.

Vor vielen Jahren schrieb Böll über Thomas Wolfe: »Es kommt darauf an, wieviel Sympathie ein Autor einflößt und wieviel man ihm verzeiht, und Thomas Wolfe verzeiht man eben, was bei anderen nicht durchgehen würde.« Das gilt auch für Heinrich Böll: Ihm steht ein sehr hoher Kredit zu. Nur hat er ihn diesmal, fürchte ich, überzogen.

(1979)

Von Heinrich Böll bietet der Deutsche Taschenbuch Verlag zur Zeit 27 Titel an, davon drei auch in Großdruck. Ein weiteres Buch hat Böll zusammen mit Klaus Staeck verfaßt, zwei Bücher beschäftigen sich mit Böll und seinem Werk. Insgesamt sind es also dreißig Böll-Titel, die man bei dtv haben kann.

Und jetzt ist noch ein 31. Band hinzugekommen, nämlich ein opulentes, nicht weniger als 630 Seiten umfassendes ›Heinrich-Böll-Lesebuch‹, herausgegeben von Viktor Böll, einem Neffen des Autors, der allerdings, wie dem Nachwort zu entnehmen ist, keineswegs schalten und walten konnte, wie es ihm beliebte, vielmehr von der Mitarbeit seines berühmten Onkels profitieren durfte und mußte.

Dieser hat nun das vorliegende Ergebnis zunächst mit gemischten Gefühlen betrachtet und schließlich offenbar mit Genugtuung akzeptiert. Jedenfalls beginnt sein Vorwort mit den vielsagenden Worten: »Nicht einmal schweren Herzens habe ich letzten Endes dieser Auswahl zugestimmt ...« Also war es Böll bei diesem editorischen Vorhaben doch nicht ganz wohl – und seine Billigung erfolgte eben nur »letzten Endes«. Warum?

Vielleicht vor allem deshalb, weil ein derartiger Band, wie umfangreich er auch sein mag, alle größeren Arbeiten aussparen muß oder bestenfalls charakteristische Ausschnitte aus diesen Büchern berücksichtigen kann. Was man »Lesebuch« zu nennen pflegt, ist immer nicht mehr und (hoffentlich) nicht weniger als ein Querschnitt. Und ein Querschnitt läßt in der Literatur meist an einen Verschnitt denken.

Wie man es drehen und wenden mag: Es handelt sich doch um die Verwertung bereits vorhandener Arbeiten. Die Vokabel »Verwertung« läßt wiederum stets an das häßliche Wort »Vermarktung« denken. Doch hat es sich

Böll nie leicht gemacht. Von ihm kann man sagen, daß er sein Werk in dieser natürlich anfechtbaren Auswahl nicht nur in den Handel bringt, sondern daß er es damit zugleich so zu Markte trägt, wie man, einer schönen deutschen Wendung zufolge, ja auch seine Haut für etwas oder jemanden zu Markte tragen kann.

Bölls Generationsgenossen allerdings – er wird heute 65 Jahre alt – werden das neue Lesebuch vermutlich mit einem gewissen Unbehagen in die Hand nehmen. Aber ist es vielleicht jenes Unbehagen, das wir mitunter empfinden, wenn wir in den Spiegel blicken?

Es genügt, das lange Inhaltsverzeichnis zu lesen, um zu erkennen, daß sich in diesem Band auch ein Stück unserer eigenen Biographie verbirgt. Da gibt es zunächst die schlichten und dennoch (ja bisweilen eben deshalb) virtuosen Geschichten aus dem Jahr 1948: ›Der Mann mit den Messern‹ und ›Wiedersehen in der Allee‹. Da finden wir das unvergeßliche Gleichnis ›Wanderer, kommst du nach Spa . . .‹, die Humoreske ›Die schwarzen Schafe‹, für die Böll den Preis der Gruppe 47 erhalten hat, und die noch gar nicht antiquierte Satire ›Nicht nur zur Weihnachtszeit‹.

Alle diese frühen Geschichten sind längst literarhistorische Dokumente. Das klingt ein wenig nach Museum. Aber es stimmt nicht, sie sind nach wie vor frei vom Musealen.

Und es ist auch nicht wahr, daß die späteren Kurzgeschichten Bölls schwächer seien: ›Der Wegwerfer‹, zunächst 1957 in der F. A. Z. gedruckt, ist immer noch ein kleines Meisterstück, eine bis heute nicht übertroffene Parabel von der bundesdeutschen Wohlstandsgesellschaft. Apropos: Warum fehlt in dem Lesebuch ›Doktor Murkes gesammeltes Schweigen‹, während der Herausgeber andererseits (leider) Platz gefunden hat für die ›Entfernung von der Truppe‹, eine Erzählung, an der, wie mir scheint, das Beste der Titel ist?

Doch hat es wenig Sinn, gegen diese Auswahl zu polemisieren. Jeder Böll-Leser würde, versteht sich, einen solchen Band etwas anderes zusammenstellen, und daß es so viele und so unterschiedliche Möglichkeiten gibt – wovon zeugt es, wenn nicht von der Vielschichtigkeit, vom Reichtum also dieses Werks?

So wollen wir es auch den Bölls, dem Heinrich und dem Viktor, nicht verübeln, daß sie keine Hemmungen hatten, aus einigen Büchern ›Und sagte kein einziges Wort‹, ›Ansichten eines Clowns‹, ›Gruppenbild mit Dame‹ und ›Die verlorene Ehre der Katharina Blum‹ jeweils ein kurzes Kapitel herauszuschneiden und hier unterzubringen. Eine barbarische Methode. Aber wenn derartige Kostproben jenen Büchern, die uns gestern so gefreut und geärgert und jedenfalls aufgeregt haben, heute neue Leser gewinnen sollten, dann wollen wir gegen den Verschnitt nicht protestieren: Denn jede Methode ist zu befürworten, die zur Verbreitung guter Literatur beiträgt.

Der weitaus größte Teil des Auswahlbandes ist indes nicht den erzählenden Schriften Bölls gewidmet, sondern – und das hat gute Gründe – seinen essayistischen Arbeiten, den Aufsätzen und Glossen, den Reden und Interviews. Sonderbar und bemerkenswert zugleich: Allein die Titel mancher dieser Arbeiten markieren die Entwicklung unseres literarischen Lebens und darüber hinaus unsere Nachkriegsgeschichte. Sie sind längst feststehende Begriffe und geflügelte Worte – so das ›Bekenntnis zur Trümmerliteratur‹ von 1952, so die ›Verteidigung der Waschküchen‹ von 1959, so der Bericht ›Der Panzer zielte auf Kafka‹ von 1968, so die Rede ›Das Ende der Bescheidenheit‹ von 1969.

Ein überflüssiges Lesebuch? Aber man kann sich doch von ihm gar nicht losreißen. Hier steht der damals arg mißverstandene und höchst umstrittene Artikel, mit dem Böll (etwas undiplomatisch) freies Geleit für Ulrike Meinhof gefordert hatte, da liest man wieder die grandiose Nobelpreisrede von 1973, in der Böll die Kunstfeindlichkeit der deutschen Linken ebenso treffend wie wirkungsvoll entblößte und attackierte.

Ich sagte es schon: Für uns, die wir lesend und schreibend seit dreißig Jahren Bölls Weg begleiten, steckt in diesem Buch ein Stück unseres Lebens. Und die Jungen, die geboren wurden, als Böll fragte ›Wo warst du, Adam?‹ (1951) und vom ›Ende einer Dienstfahrt‹ (1966) erzählte? Was bedeutet ihnen das Werk, dieses, nehmt alles nur in allem, einzigartigen Schriftstellers?

Jede Reaktion auf seine Bücher mag verständlich sein, eine freilich ist undenkbar: Gleichgültigkeit. So kann und muß man allen, die Böll noch nicht oder nur wenig kennen, das billige und sorgfältig zusammengestellte Lesebuch (mit einem vorbildlich exakten Verzeichnis der Erstveröffentlichungen) nachdrücklich empfehlen.

Als er sechzig Jahre alt wurde, hieß es in dieser Zeitung: »Ohne ein Amt zu haben, repräsentiert Böll die deutschen Schriftsteller der Gegenwart. Ohne daß er es wollte, verkörpert er heute die deutsche Literatur und mehr als die Literatur.« Inzwischen sind genau fünf Jahre vergangen – und Heinrich Böll hat uns wieder mit dieser oder jener Arbeit, mit dieser oder jener Äußerung aufgeschreckt oder verwirrt, betrübt oder beglückt. Und jetzt haben wir noch mehr Grund als damals zu sagen: »Ein Dichter ist er und mehr noch als ein Dichter.«

(1982)

Letzter Abschied

Ein zufriedener, ein glücklicher Mensch war Heinrich Böll nicht. Dabei hatte er mehr erreicht als irgendein deutscher Schriftsteller nach 1945. Weil seine Bücher in alle Sprachen der zivilisierten Welt übersetzt wurden und Millionenauflagen erzielten? Weil man ihn mit hohen und höchsten deutschen und internationalen Preisen auszeichnete und ihn mit allen denkbaren Ehrungen überhäufte? Weil er sehr viel Geld verdiente, mit dem er übrigens Unzähligen half, und zwar nicht nur Nahestehenden, sondern auch Unbekannten?

Er wußte dies alles zu schätzen. Böll war nicht einer von jenen, die den literarischen Erfolg, wenn er sich schon einstellt, als bares Mißverständnis abqualifizieren, die sich nach dem Lorbeer sehnen, ihn jedoch, wenn er ihnen zuerkannt wird, nur mit höflich-ironischer Herablassung in Empfang nehmen; die, wenn ihre Einkünfte wachsen, so gern vom schnöden Mammon reden. Gewiß war er nicht frei von allerlei Schwächen oder auch Untugenden, aber Undankbarkeit und Hochmut gehörten dazu sowenig wie Selbstgerechtigkeit und Heuchelei. Er hat seine Triumphe und die irdischen Güter, mit denen er nicht erst in seinen späteren Jahren reichlich gesegnet war, nie für selbstverständlich gehalten.

Und doch: Wenn es etwas gab, das ihm die tiefste Genugtuung bereiten konnte, dann lag es auf einer ganz anderen Ebene, jenseits der literarischen Siege und der spektakulären Erfolge. Als Böll 1956 zum ersten Mal Polen besuchte, wurde immer wieder gefragt: Was hat dieser Deutsche in jener Zeit getan? Wurde er vertrieben und verjagt? War er am Widerstand gegen Hitler beteiligt? Saß er im Gefängnis oder im Konzentrationslager? Ist er desertiert? Hat man ihn einem Strafbataillon zugeteilt? Alle diese Fragen mußte man verneinen, die für die

Polen enttäuschende Antwort ließ sich nicht vermeiden: Er war sechs Jahre lang ein gewöhnlicher deutscher Soldat, nicht mehr und nicht weniger.

Dennoch hat man Böll, allem begreiflichen Mißtrauen zum Trotz, rasch und ohne viel Aufhebens akzeptiert – damals in Warschau und später in Stockholm, in Moskau sowohl als auch in New York. Wie von selbst erkannte man in ihm mehr als einen Schriftsteller: Ohne daß er auch nur im entferntesten einen derartigen Anspruch erhoben hätte, galt er überall als Repräsentant des neuen Deutschland – und dies schon zu einer Zeit, da man in den osteuropäischen Hauptstädten noch nicht einmal daran dachte, die diplomatischen Beziehungen mit der Bundesrepublik aufzunehmen. Sogar in Israel wurde er als Freund begrüßt: respektvoll und mit einer ihn selber verblüffenden Herzlichkeit. Wer weiß, ob das nicht sein schönster, wenn auch sein stillster Triumph war. Sicher ist jedenfalls: Was er ein Vierteljahrhundert lang für das Ansehen Deutschlands in der Welt getan hat, läßt sich kaum überschätzen.

Wie konnte das gelingen? Drei verschiedene Faktoren waren hier im Spiel. Da sind zunächst und vor allem seine leicht zugänglichen Romane und Geschichten, deren Welterfolg freilich mit der in ihrem Mittelpunkt stehenden und in vielen Varianten auftretenden Figur zusammenhängt. Böll zeigte Menschen – meinte der tschechische Germanist Eduard Goldstücker –, die ein Unbehagen an der Gegenwart empfänden und an die Zukunft nicht glauben könnten. Dieses Unbehagen sei in unserer Zeit sehr verständlich, »da die volle Identifizierung des einzelnen mit seiner Gesellschaft immer schwerer« werde. So schaffe Böll Einzelgänger, die, nicht gewillt, »vor den Mächten des Bösen zu kapitulieren«, Sinnbilder seien, die ihre Zeitgenossen in vielen Ländern »brüderlich ansprechen«.

Goldstücker, der, als er dies 1967 schrieb, in Prag lebte, konnte schwerlich noch deutlicher sagen, worauf das au-

108

ßerordentlich starke Echo, das die Bücher Bölls in der Tschechoslowakei und in anderen Kommunistischen Staaten hatten, zurückzuführen sei: Von den dortigen Lesern wurde die hilflose und bisweilen verzweifelte Auflehnung seines stets unheroischen Helden gegen die westdeutschen Verhältnisse sofort auf die eigene Situation bezogen.

Dies gilt erst recht für das Publikum in der kapitalistischen Welt: Auch wenn man nicht unbedingt von der künstlerischen Qualität der Epik Bölls überzeugt war, konnte man sich mit seinen Figuren identifizieren. Ob Bölls Geschichten also, in denen immer nur von Deutschen und deutschen Zuständen die Rede war, mehr oder weniger gefielen: Man hat sie in Ost und West als Gleichnisse von der Heimatlosigkeit des Individuums in der modernen Gesellschaft aufgefaßt.

Aber der Erzähler Böll war zugleich – und damit sind wir beim zweiten Faktor, der seine internationale Wirkung gesteigert hat – ein zeitkritischer Publizist, dessen zahlreiche Reden, Artikel und Interviews auch dann überall Beachtung fanden, wenn sich ihre intellektuelle Substanz in Grenzen hielt. Mehr noch: Viele seiner Äußerungen formulieren Appelle von so allgemeinem Charakter – also Proteste gegen Krieg und Tyrannei, Elend und Ausbeutung –, daß er gleichsam über Nacht zum Sachwalter aller Entrechteten und Verfolgten aufrücken konnte, und dies um so mehr, als seine generellen Postulate von konkreten und oft genug auch diskreten Hilfsleistungen beglaubigt wurden. Das hat es seit Thomas Mann nicht mehr gegeben: einen deutschen Schriftsteller, von der ganzen Welt als moralische Instanz gebilligt und geehrt.

Schließlich ist da noch ein dritter Faktor, der sich freilich sehr schwer definieren läßt und der doch nicht unerwähnt bleiben darf. Das Fluidum, das von Bölls Person ausging und das in der privaten Sphäre ebenso spürbar war wie in seinen öffentlichen Auftritten und natürlich auch auf dem Fernsehschirm, diese den Schauspielern gern nachgerühmte »Ausstrahlung« hat ihm oft den Weg geebnet und schließlich zur Verbreitung seines Werks beigetragen.

Der weise Jude Nathan erzählt von dem Ring, der die geheime Kraft hatte, »vor Gott und Menschen angenehm zu machen, wer in dieser Zuversicht ihn trug«. Auch Böll, so will es scheinen, besaß einen Ring, der die geheime Kraft hatte, »vor Gott und Menschen angenehm zu machen, wer in dieser Zuversicht ihn trug«. Auch Böll, so will es scheinen, besaß einen Ring, der eine geheime Kraft hatte: diesem Mann aus Köln, dem Fehler und Irrtümer unterliefen und der gelegentlich sogar auf Abwege geraten konnte, der seine Gesprächspartner oft verärgert und mitunter, wenn er es nicht vermeiden konnte, sogar gekränkt hat – ihm war es gegeben, wohin er auch kam und wen er auch traf, Vertrauen zu erwecken. Ob er sich dieser wunderbaren Gabe überhaupt bewußt war, wissen wir nicht. Aber wir wissen sehr wohl, daß er sie nie mißbraucht hat.

So könnte man glauben, das Leben habe es gut mit ihm gemeint. Aber warum war er, Heinrich Böll, doch kein zufriedener, kein glücklicher Mensch? Das hatte wohl mit eben denselben Tugenden zu tun, die seine Leistung und Taten ermöglichten – mit seiner extremen Empfindlichkeit und seiner nervösen Reizbarkeit, mit seiner Leidensfähigkeit. Sie bildeten allesamt, dessen können wir sicher sein, eine schwere Bürde: Er war ein Beschenkter und ein Beladener, er war gesegnet und geschlagen zugleich.

Woran er gelitten hat, das wissen die Leser seiner Bücher: Die Heine-Verse ›Aus meinen großen Schmerzen / Mach' ich die kleinen Lieder‹ gelten ja nicht nur für die Lyriker. Weniger bekannt ist wohl, wie tief den Autor Böll die öffentliche Reaktion auf sein Werk zu treffen vermochte. Und er gehörte nicht zu den Schriftstellern, die unter keinen Umständen ihren Kritikern antworten wollen und sich damit begnügen, wie dereinst Thomas Mann, die Faust unter der Bettdecke zu ballen. Böll hingegen hat sehr wohl jenen, von denen er sich ungerecht behandelt fühlte, auf seine Weise in Zeitungsartikeln oder auch in Fernsehinterviews die Meinung gesagt, bisweilen hat er sich – denn er war ein gütiger und edler Mensch, doch kein Engel – mit handfesten, keineswegs zimperlichen Seitenhieben revanchiert.

Jedenfalls zweifelte er nicht, daß es sein gutes Recht war, sich in aller Öffentlichkeit zu wehren. Noch wenige Monate vor seinem Tod hat er sich über sein Verhältnis zur Literaturkritik ausführlicher geäußert. Er wetterte gegen »die Großkritiker, die Tonangeber, die Trendsetter« und erklärte: »Ich bin ein Dulder, der flucht, murrt, schimpft, sich ärgert, sich gelegentlich ... beschwert ...« Ferner: »Verrisse liegen außerhalb der zivilen Kategorien von Verzeihlichkeit und Unverzeihlichkeit. Vergessen kann keiner sie ...« Ähnlich wie Elefanten hätten auch Autoren »ein untrügliches Gedächtnis für Erlittenes«.

Böll ging noch weiter: Erstaunlicherweise glaubte er, daß die politische Aggressivität gewisser Autoren von der vorangegangenen Ablehnung ihrer Bücher durch die Kritiker ausgelöst wurde: »Da muß dann mancher Politiker büßen, was eigentlich der Literaturbeherrscher hätte büßen müssen. Das kann die Öffentlichkeit – wie sollte sie auch anders – schwer verstehen, man könnte es Wut-Verschiebung nennen.«

Und nun, da er sich nicht mehr zur Wehr setzen kann? Für den Kritiker, der sich mit Bölls Werken seit bald dreißig Jahren beschäftigt, ist das eine neue, eine unerwartete Situation: Die Besprechung seiner letzten Arbeit wird, was immer von ihr zu halten ist, unweigerlich zum Abschied. Gewiß stehen uns noch Nachlaß-Publikationen bevor: Vielleicht werden sich einige von ihm selber verworfene Manuskripte finden; und bestimmt sind Tausende seiner Briefe erhalten. Doch ein neues, ein abgeschlossenes Buch wird es nicht mehr geben.

Indes: Kann der Roman ›Frauen vor Flußlandschaft‹ überhaupt als ein abgeschlossenes Buch gelten? Es ist kein Geheimnis, daß Bölls schriftstellerische Kraft in den letzten Jahren seines Lebens stark nachgelassen hat. Der Roman ›Fürsorgliche Belagerung‹, 1979 erschienen, machte dies auf geradezu schmerzhafte Weise deutlich. Nach den Gründen braucht man nicht lange zu forschen: Seine Gesundheit war zerrüttet. Zwar hörte er nicht auf zu arbeiten, aber er konnte sich nur noch kleinere Aufgaben zumuten.

Dem ersten größeren Vorhaben seit 1979, eben den ›Frauen vor Flußlandschaft‹, war er offensichtlich nicht mehr gewachsen: Kurz nachdem er das Manuskript abgeliefert hatte, sagte er in einem längeren Telefongespräch, das Buch sei keineswegs fertig, er müsse der Sache noch viel Zeit widmen, er sei entschlossen, die Druckfahnen sorgfältig zu redigieren und das Ganze womöglich zu überarbeiten. Als er sie erhielt, war es schon zu spät: Zwar hat er sie gelesen und manches auch korrigiert, aber an die geplante gründliche Überarbeitung war nicht mehr zu denken.

Die Folgen liegen auf der Hand: Dem aufmerksamen Leser können weder die (keineswegs beabsichtigten) Wiederholungen entgehen noch allerlei Widersprüche. Auch wenn manche Handlungsmotive gewiß im dunkeln bleiben sollten, so fallen doch in dem Buch zahlreiche Unklarheiten auf, die die Lektüre erschweren und die von Böll nicht gewollt sein konnten. Ferner gibt es hier nicht nur mißglückte Sätze (die waren in beinahe allen seinen Büchern zu finden), sondern auch Formulierungen, die wie vorläufige Notizen anmuten. So heißt es über eine der auftretenden Personen: »Er ist festlich gekleidet. Schwarzer Anzug und so.« Neben fertigen, abgeschlossenen Kapiteln oder Abschnitten stehen auch solche, die eher als Entwürfe, als Material zu werten sind. Es wäre also abwegig, Bölls letztes Werk mit literarkritischer Strenge beurteilen zu wollen.

Der Untertitel ›Roman in Dialogen und Selbstgesprächen‹ mag verwundern, trifft aber genau zu: Tatsächlich haben wir es mit einem Drama zu tun, das aus zwölf Szenen oder Akten besteht. Alles wird hier also von den auftretenden Personen gesagt, der Autor selbst beschränkt sich auf knappe (und übrigens nicht immer notwendige) Regiebemerkungen.

Ein Bühnenautor war Böll nicht, seinen dramatischen Versuchen aus den sechziger Jahren – ›Ein Schluck Erde und Aussatz‹ – blieb auch ein minimales Echo versagt. Hat etwa Mangel an Vertrauen zur Gattung des Romans den Autor der ›Frauen vor Flußlandschaft‹ veranlaßt, mit einer zwischen Hörspiel, Filmskript und Bühnenwerk schwankenden Form zu experimentieren? Ich glaube es nicht. Mir will es vielmehr scheinen, daß die Entscheidung für die dialogisierte Fassung mit Bölls Zustand zu tun hat, mit seiner Ungeduld und Erschöpfung.

Als der alte Heinrich Mann während des Zweiten Weltkriegs an seinem Roman ›Lidice‹ arbeitete, erklärte er einem Korrespondenzpartner: »Der Schnelligkeit wegen schreibe ich nur die Dialoge hin. Wollen sehen, ob ich nachher die Regiebemerkungen zur Roman-Erzählung erweitere.« Er tat es nicht, ›Lidice‹ blieb ein Pseudodrama – und ein fatales: Die Unterschätzung der Dialogform hatte sich gerächt. Etwas Ähnliches ist auch Heinrich Böll unterlaufen, freilich mit einem ganz anderen Ergebnis.

Er hatte immer schon ein etwas leichtfertiges Verhältnis zu dramatischen Formen. Joachim Kaiser, der sich bemüht, die ›Frauen vor Flußlandschaft‹ als »ein kühnes Glanzstück absurder Literatur« zu deuten – ich verstehe die hochherzigen Motive meines Kollegen, doch seine These überzeugt mich nicht –, berichtet in seiner Kritik, wie Böll dereinst seine Hörspiele verfaßte: »Das ging schnell bei ihm. Er setzte sich nieder schrieb ein paar Stunden: dann warf er's – so sagte er mir – entweder weg oder machte es eben rasch fertig.«

So hatte Böll gehofft, der neue Roman lasse sich in der Dialogform rascher und leichter bewältigen. Aber es war nie seine Sache, Personen lediglich mit Hilfe ihrer eigenen Äußerungen und allenfalls jener ihrer Gesprächspartner zu charakterisieren. Und das konnte ihm auch in diesem offensichtlich mühevoll entstandenen Spätwerk schwerlich gelingen. Im Gegenteil: Der geborene Erzähler, der er mit Sicherheit war – seine Reden und Aufsätze beweisen dies ebenfalls –, hat sich hier selber Steine in den Weg gelegt oder, wenn man so will, Fallen gestellt.

Auf allen Menschen, die Böll auftreten läßt, nicht nur auf den älteren, lastet die Vergangenheit, allen macht ihre Herkunft zu schaffen. Das klingt dann so: »Du weißt, als es ernst wurde, bin ich desertiert.« Ein Mann sagt es zu seiner Frau, mit der er seit bald vierzig Jahren verheiratet ist. Schlimmer noch: Seine Frau hat ihm, wie wir aus einem früheren Kapitel wissen, damals geholfen, sie hat ihn versteckt. Sie selber wiederum erzählt ihrem Mann: »Ich bin nicht einmal eine Bankierstochter, bin nicht einmal eine Adelige, nur die Tochter eines fanatischen Dorfkrämers.« Die Personen teilen sich also gegenseitig mit, was sie längst wissen und was, versteht sich, gar nicht für sie bestimmt ist, sondern für die Leser.

Ein anderer Umstand, der die Wahl der Form so fragwürdig macht, hängt mit der Sprache der Figuren Bölls zusammen. Sie war nie von deren Alter und Abstammung, von Beruf und Bildung abhängig, was sich in Romanen und Geschichten, monologischen zumal, noch hinnehmen ließ. Wo aber, wie in den ›Frauen vor Flußlandschaft‹, der Autor es vorzieht, sich hinter dem Rükken seiner Geschöpfe zu verbergen, kann man sich schwerlich damit abfinden, daß es unmöglich ist, deren Ausdrucksweise zu unterscheiden. Denn sie alle – vom alten Grafen bis zur jungen Kellnerin – reden Bölls ureigenes und uns längst lieb gewordenes Idiom.

Es ist daher nicht verwunderlich, daß, obwohl manche Personen viel sagen dürfen, einigermaßen überzeugende

114

oder auch nur halbwegs glaubhafte Porträts nicht entstehen. Überdies muß das Ganze beinahe ohne Handlung und ganz ohne Spannung auskommen, ohne Konfrontationen. Kurzum: Dieser dem Anschein nach dramatische Text ist im Grunde ein in verschiedene Richtungen auseinanderlaufendes, ein zerfließendes episches Gebilde.

Aber wenngleich hier nur sehr wenig geschieht, wird doch viel erzählt. Was? Ein Bundesminister muß gehen, weil plötzlich bekannt wird, was er sich während des Krieges in Polen zuschulden kommen ließ. Ein anderer, ebenfalls schon älterer Politiker läßt seine Frau in einer eleganten Klapsmühle unterbringen, einer Mischung aus Sanatorium und Luxushotel, wo den Patienten »die Erinnerungen korrigiert« werden. Gerade an dem Tag, an dem sie sich aufhängt, feiert er seine Ernennung zum Minister.

Die Politiker, die Finanzleute, die Mächtigen – korrupt und heuchlerisch sind sie in Bonn offenbar alle. Und es gibt auch kaum einen, der nicht an irgendwelchen Verbrechen beteiligt gewesen wäre oder zumindest an Skandalen und Affären schlimmster Art: belastende Akten werden verbrannt oder in einem Eifelsee versenkt. Keine Zweifel, daß diese Herren zu weiteren Missetaten bereit sind. Wie in den früheren Büchern Bölls fällt auch hier auf alles, was dargestellt wird, der übermächtige Schatten von Krieg und Naziherrschaft. Man muß den Eindruck gewinnen, als hätten am Rhein, zumindest in der CDU, nur Politiker das Sagen, die bald siebzig Jahre alt sind, wenn nicht noch älter.

An skurrilen Motiven fehlt es nicht: Da werden nachts in den Wohnungen von Bankiers – als Zeichen des Protests gegen die Herrschenden – wertvolle Konzertflügel zerlegt oder gar zerhackt, da verdient jemand seinen Lebensunterhalt, indem er im Auftrag des Auswärtigen Amts Mercedes-Sterne absägt und stiehlt; man braucht sie nämlich, um einen sowjetischen Diplomaten, einen passionierten Sammler derartiger Souvenirs, zu bestechen.

Die Frauen werden, ausnahmslos, in einem ungleich

freundlicheren Licht gezeigt: Sie sind ehrlicher und warmherziger. Was sich in diesem Machtzentrum abspielt, mißfällt ihnen, ihren Widerwillen können sie kaum beherrschen. Warum eigentlich? Sie sind nicht imstande, das zu erklären, sie können es höchstens andeuten. Jedenfalls wollen sie nicht mitmachen, aber sie sind und bleiben passive und hilfsbedürftige Wesen. Sie reagieren auf ihre Umwelt vornehmlich allergisch und sind letztlich nur zu mehr oder weniger symbolischen Gesten fähig.

Eine dieser Frauen möchte aus ihrem »Dienst als Bilderbuchdemokratin« ausscheiden. Sie weigert sich – zu mehr reicht ihr Protest nicht aus –, an einem feierlichen Hochamt teilzunehmen: »Am liebsten würde ich, so wie ich bin, mitfahren, im Morgenmantel und ungekämmt um das Münster herumgehen und die Allerheiligenlitanei singen, während ihr euer Hochamt feiert.« Eine andere, jüngere Frau, die an Katharina Blum erinnert, möchte weg, aber sie schafft es nicht: »Manchmal liege ich mit dem Jungen auf dem Bett, erzähl' ihm was, sing' ihm was vor, und dann drehen wir den Globus ihn und her…, halten ihn an, tippen auf ein Land, in das wir gehen könnten – wir haben noch keins gefunden.«

Aber ob Frauen oder Männer – wenn es anständige Menschen sind, dann reden sie offen von ihrer Resignation und sehnen sich, inmitten ihres Wohlstands, nach plebejischem Glück: »Manchmal beneide ich die Schifferfrauen; es sieht so gemütlich in ihren Stuben aus, schöne Blumen haben sie an ihren Fenstern und auf ihren Balkonen…« Oder: »Wenn ich zu irgendeinem ganz feinen Diplomatenessen eingeladen bin, dann fahre ich heimlich zur nächsten Frittenbude und esse Currywurst mit Fritten und Mayonnaise …«

Das Bild der provisorischen Hauptstadt am Rhein, das die Äußerungen und Berichte der Figuren Bölls suggerieren, ist also düster und erschreckend: Bonn, so will es scheinen, gleicht einem Augiasstall, wie es ihn noch nie auf Erden gab. Dagegen hat der Schriftsteller und SPD-

Bundestagsabgeordnete Dieter Lattmann vorsichtig Einspruch erhoben. Das Buch habe »wenig mit Authentizität zu tun«: »Auf Strukturen der real existierenden Demokratie läßt Böll sich nicht ein. Nicht der Konflikt der Parteien wird dargestellt – es ist, als gäbe es nur eine.« Nämlich die CDU.

In der Tat: Hier gibt es keinen Bundestag, keine SPD, keine Gewerkschaften. Und die Bösewichte sind allemal konservativ. Aber Bölls Buch ist weder ein Schlüsselroman noch jene »Intimgeschichte Bonns«, die uns der Klappentext leichtfertig verspricht. Mehr noch: Diese ›Frauen vor Flußlandschaft‹ hat nicht ein um Objektivität und Authentizität bemühter zeitkritischer Chronist geschrieben, sondern ein an der Bundesrepublik leidender Erzähler. Und es war immer das Recht der Erzähler, mit einseitigen und parteiischen, überspitzten und übersteigerten Bildern die Zeitgenossen zu provozieren und zu alarmieren.

Der zentrale Gedanke dieses Buches ist negativ: Er läuft auf die verzweifelte Abwendung von der realen Politik hinaus. Wie aber können und sollen wir leben ohne Politik? Es wäre unsinnig, beanstanden zu wollen, daß Böll diese den Lesern sich aufdrängende Frage unbeantwortet läßt. Gegen Ende läßt er seinem Anarchismus, den er nie verheimlicht hat, freien Lauf. In den Worten einer jungen Frau ist seine Stimme vernehmbar: »Gesetz und Ordnung, Herr Graf, diesen Luxus können wir uns nicht leisten, den leisten sich ja nicht einmal die, die ihn sich leisten können.« Und: »Bitte, nicht mit der Religion kommen. Die ist für die, die vor Gericht lächeln. Die mit den Millionen.« Sowenig wir aus diesem Wutausbruch einer Zwanzigjährigen Bölls Absage an die Religion herauslesen dürfen, so sicher hat er für ihn viel Verständnis und herzlichste Sympathie.

Doch wenn wir in den ›Frauen vor Flußlandschaft‹, so unfertig das Buch auch sein mag, nicht ohne Rührung ihn, den leidenden und lachenden, den klagenden und anklagenden Poeten, wiedererkennen, dann vor allem in einzelnen erzählerischen Partikeln, die inmitten dieser Prosa unerwartet aufleuchten und uns an seine schönsten Arbeiten erinnern. Meist sind es nicht einmal Episoden, sondern kleine Genrebilder und Stimmungsberichte und, vor allem, Reminiszenzen.

Wo Böll auf Elemente aus seinen früheren Büchern zurückgreift und einzelne Motive, Konstellationen oder auch nur Gesten wiederholt und variiert, wird beides zugleich deutlich: die Kunst, die ihm so viele Bewunderer einbrachte, und die Melancholie, die ihn quälte, als er diese rheinische Abschiedssymphonie schrieb.

Etwa in der Mitte der ›Frauen vor Flußlandschaft‹ findet sich auch ein Kapitel, in dem er noch einmal alle Register seines Humors zieht – von der augenzwinkernden Anspielung bis zur sarkastischen Attacke: Ein Ministerreferent berichtet von seinen Erfahrungen als Redenschreiber und Verfasser einer Wahlbroschüre. Der oft mißbrauchte Begriff »Kabinettstück« – hier ist er am Platze.

Von allen Büchern Heinrich Bölls scheint mir dies das traurigste, das bitterste. Es ist eine Elegie mit bizarren Zügen, ein Requiem mit satirischen Akzenten. Aus diesen Monologen und Dialogen sprechen die schmerzhaften Enttäuschungen eines Deutschen und eines Christen, der es sich immer schwergemacht hat. Wer weiß, ob sich der Lebensweg dieses erfolgreichen Schriftstellers nicht insgeheim einer Passionsgeschichte näherte. Wie auch immer: Wir werden niemals seinesgleichen sehen.

(1985)

Nachweis der Erstveröffentlichungen

Der Poet der unbewältigten Gegenwart. In: Marcel Reich-Ranicki, ›Deutsche Literatur in West und Ost‹. R. Piper & Co. Verlag, München 1963, S. 120 - 142.

Ein Buch des Mißmuts und der Liebe. In: ›Die Zeit‹ vom 10. Mai 1963.

Mit verstellter Stimme. In: ›Die Zeit‹ vom 18. September 1964.

Nachdenken über Leni G. In: ›Die Zeit‹ vom 6. August 1971.

Gegen die linken Eiferer. In: ›Die Zeit‹ vom 11. Mai 1973.

Der deutschen Gegenwart mitten ins Herz. In: ›Frankfurter Allgemeine Zeitung‹ vom 24. August 1974.

Vom armen H. B. In: ›Frankfurter Allgemeine Zeitung‹ vom 20. September 1975.

Lebensgefährlich. In: ›Frankfurter Allgemeine Zeitung‹ vom 3. Oktober 1977.

Mehr als ein Dichter. In: ›Frankfurter Allgemeine Zeitung‹ vom 17. Dezember 1977.

Nette Kapitalisten und nette Terroristen. In: ›Frankfurter Allgemeine Zeitung‹ vom 4. August 1979.

Spiegel einer Generation. In: ›Frankfurter Allgemeine Zeitung‹ vom 21. Dezember 1982.

Letzter Abschied. in: ›Frankfurter Allgemeine Zeitung‹ vom 8. Oktober 1985.

DIE HOFFNUNG IST WIE EIN WILDES TIER
DER BRIEFWECHSEL ZWISCHEN
HEINRICH BÖLL UND ERNST-ADOLF KUNZ
1945-1953

Leinen

Der Briefwechsel zwischen Heinrich Böll und Ernst-Adolf Kunz, dem einzigen Vertrauten in den Jahren 1945 bis 1953, ist ein einzigartiges Dokument der schriftstellerischen Anfänge Bölls und ein bewegendes Zeugnis des ungeheuren Existenzkampfes im Nachkriegsdeutschland.

KIEPENHEUER & WITSCH

Christa Wolf
im dtv

Foto: Isolde Ohlbaum

Der geteilte Himmel
Liebesgeschichte zur Zeit des
Mauerbaus in Berlin
dtv 915

Nachdenken über Christa T.
Frauenleben im
Osten Deutschlands
dtv 11834

Kassandra
Deutung der antiken mytholo-
gischen Frauengestalt in ihrer
Suche nach den Ursachen von
Gewalt und deren Überwindung
dtv 11870

**Voraussetzungen einer
Erzählung: Kassandra
Frankfurter Poetik-
Vorlesungen**
Bericht über eine Griechenland-
reise, Nachdenken über Kassan-
dra, über weibliches Schreiben
dtv 11871

Kindheitsmuster
Auf den Spuren der Kindheit
im Nationalsozialismus
dtv 11927

Kein Ort. Nirgends
Fiktive Begegnung zwischen
Karoline von Günderrode
und Heinrich von Kleist
dtv 11928

Was bleibt
Erzählung um die psychischen
Folgen von Bespitzelung
dtv 11929

Störfall
Tschernobyl, April 1986. Eine
Reaktion auf die unfaßbare
Nachricht
dtv 11930

Till Eulenspiegel
»Eine Wut in sich, die er nicht
los wird.« Till Eulenspiegel zur
Zeit Luthers und Karls V.
dtv 11931

Im Dialog
Reden, offene Briefe, Aufsätze
und Gespräche während der
Wende
dtv 11932

Günter Grass im dtv

Foto: Klaus Morgenstern

Die Blechtrommel
Die Autobiographie des Oskar
Matzerath, der Wirklichkeit
ertrommeln und Glas zersingen
kann
dtv 11821

Katz und Maus
Sein abnormer Adamsapfel
macht Mahlke zum Helden
wider Willen und führt seinen
Untergang herbei
dtv 11822

Hundejahre
Der Roman über die Danziger
Kleinbürgerwelt in der Zeit von
Faschismus und Krieg
dtv 11823

Der Butt
»...eine Geschichte vom Fehlen
und Verfehlen... eine Geschichte
mit verzweifelt utopischem
Ende...«
dtv 11824

**Ein Schnäppchen namens
DDR**
Gesammelte Reden des »vater-
landslosen Gesellen« Günter
Grass, gehalten im Jahr 1990
dtv 11825

Unkenrufe
Eine deutsch-polnische Liebesgeschichte, erzählt mit leiser
Ironie und satirischer Schärfe
dtv 11846

Heinrich Böll
im dtv

Foto: Isolde Ohlbaum

Irisches Tagebuch · dtv 1

Zum Tee bei Dr. Borsig
Hörspiele · dtv 200

**Wanderer, kommst du
nach Spa…**
Erzählungen · dtv 437

Der Zug war pünktlich
Erzählung · dtv 818

Wo warst du, Adam?
Roman · dtv 856

Gruppenbild mit Dame
Roman · dtv 959

Billard um halbzehn
Roman · dtv 991

Das Brot der frühen Jahre
Erzählung · dtv 1374

Hausfriedensbruch. Hörspiel
Aussatz. Schauspiel · dtv 1439

Und sagte kein einziges Wort
Roman · dtv 1518

Ein Tag wie sonst
Hörspiele · dtv 1536

Haus ohne Hüter
Roman · dtv 1631

**Du fährst zu oft nach
Heidelberg und andere
Erzählungen** · dtv 1725

Das Heinrich Böll Lesebuch
Herausgegeben von Viktor Böll
dtv 10031

**Was soll aus dem Jungen bloß
werden? Oder: Irgendwas mit
Büchern** · dtv 10169

Das Vermächtnis
Erzählung · dtv 10326

**Die Verwundung und andere
frühe Erzählungen** · dtv 10472

Heinrich Böll:
Billard um halbzehn
Roman

Heinrich Böll:
Irisches Tagebuch

dtv

Frauen vor Flußlandschaft
Roman · dtv 11196

Eine deutsche Erinnerung
Interview mit René Wintzen
dtv 11385

Rom auf den ersten Blick
Landschaften · Städte · Reisen
dtv 11393

Nicht nur zur Weihnachtszeit
Erzählungen · dtv 11591

Unberechenbare Gäste
Erzählungen · dtv 11592

Entfernung von der Truppe
Erzählungen · dtv 11593

**Die verlorene Ehre der
Katharina Blum oder:
Wie Gewalt entstehen und
wohin sie führen kann**
Erzählung
dtv großdruck 25001

**Heinrich Böll zum
Wiederlesen**
dtv großdruck 25023

**In eigener und anderer Sache
Schriften und Reden
1952 – 1985**
9 Bände in Kassette · dtv 5962
In Einzelbänden
dtv 10601 – 10609

Heinrich Böll /
Heinrich Vormweg:
**Weil die Stadt so fremd
geworden ist ...** · dtv 10754

NiemandsLand
Kindheitserinnerungen an die
Jahre 1945 bis 1949
Herausgegeben von Heinrich
Böll · dtv 10787

Über Heinrich Böll:
**In Sachen Böll – Ansichten
und Einsichten**
Herausgegeben von Marcel
Reich-Ranicki · dtv 730

Marcel Reich-Ranicki:
**Mehr als ein Dichter
Über Heinrich Böll**
dtv 11907

J. H. Reid:
Heinrich Böll
Ein Zeuge seiner Zeit
dtv 4533

Jakob Wassermann im dtv

Caspar Hauser oder Die Trägheit des Herzens
Die Geschichte des rätselhaften Findlings, der im Jahre 1828 im Alter von etwa 17 Jahren aufgegriffen wurde und der kaum sprechen konnte, hat die Anteilnahme ganz Europas geweckt.
dtv 10192

Der Fall Maurizius
Leonhart Maurizius sitzt seit 19 Jahren in Haft, verurteilt wegen Mordes an seiner Frau. Der Oberstaatsanwalt zweifelt keinen Moment an der Rechtmäßigkeit des Urteils. Nicht so sein sechzehnjähriger Sohn Etzel...
dtv 10839

Das Gänsemännchen
Der junge Musiker Daniel Nothafft heiratet die in sich gekehrte Gertrud, muß aber schon bei der Hochzeit erkennen, daß seine Liebe ihrer lebenslustigen Schwester gilt.
dtv 11240

Christoph Columbus
Eine Biographie
Jakob Wassermanns psychologisch fundierte und glänzend recherchierte Darstellung der Lebensgeschichte von Christoph Columbus gilt bis heute als eine der besten Biographien, die je über den rätselhaften Amerika-Entdecker verfaßt wurde.
dtv 11504

Mein Weg als Deutscher und Jude
Wassermann »kam immer wieder auf das Grundproblem seines Lebens zurück«, schreibt Hilde Spiel. Von 1904 bis ins Jahr 1933 nutzte er jeden Anlaß, um es neu zu untersuchen, und die Summe seiner Überlegungen ist zugleich die Summe all dessen, was sich über jenen Weg als Deutscher und Jude aussagen läßt.
dtv 11867

Oskar Maria Graf im dtv

Die Chronik von Flechting
Kraftvoller Dorfroman, erzählt
aus dem 19. Jahrhundert
dtv 1425

Die gezählten Jahre
Packende Zeitgeschichte,
1934 im Exil entstanden
dtv 1545

Wir sind Gefangene
Ein Bekenntnis
Grafs Erlebnisse 1905 bis 1918
dtv 1612

Das Leben meiner Mutter
Grafs Mutter, eine einfache Frau
aus dem Volke
dtv 10044

Gelächter von außen
Aus meinem Leben 1918 bis 1933
dtv 10206

Kalendergeschichten
dtv 11434

Der harte Handel
Kriminalfall aus der bayrischen
Heimat
dtv 11480

Anton Sittinger
Politische Enthaltsamkeit gerät
zum Duckmäusertum
dtv 11855

Die Erben des Untergangs
Roman einer Zukunft
dtv 11880

An manchen Tagen
Reden, Gedanken und
Zeitbetrachtungen
dtv 11898

Jedermanns Geschichten
dtv 11899

Reise in die Sowjetunion 1934
dtv 71012

Siegfried Lenz
Die Erzählungen
1949–1984

3 Bände
in Kassette
dtv 10527

Siegfried Lenz ist der Erzählung als einer literarischen Form nicht minder verpflichtet als die Erzählung ihm. Man kennt ihn als Romanautor, aber man kennt – und schätzt – ihn auch als Geschichtenerzähler. Diese drei Bände enthalten die Erzählungen der Jahre 1949 bis 1984 in chronologischer Reihenfolge, von der ersten Skizze ›Die Nacht im Hotel‹ über ›Suleyken‹, ›Jäger des Spotts‹, ›Das Feuerschiff‹, ›Der Spielverderber‹ und ›Einstein überquert die Elbe bei Hamburg‹ bis zu ›Lehmanns Erzählungen‹, den ›Geschichten aus Bollerup‹ und der Novelle ›Ein Kriegsende‹.